MA MÈRE, L'ALGÉRIE

DU MÊME AUTEUR

L'EMBARQUEMENT DU LUNDI, Gallimard, 1952 ; Atlantis, 1998.

LES PAROLES DE LA ROSE, Lettres Françaises, 1957.

LES OLIVIERS DE LA JUSTICE, Gallimard, 1959 (Grand Prix catholique de Littérature 1960).

LE MABOUL, Gallimard, 1963 (Prix international Charles Veillon 1964).

LES MONUMENTS DU DÉLUGE, Christian Bourgois, 1967.

SLIMANE, Christian Bourgois, 1968.

LE CHEVAL DANS LA VILLE, Gallimard, 1972.

VILLES ENGLOUTIES, in *Aujourd'hui la poésie*, Saint-Laurent-du-Pont, 1976.

NOIR, in *Léopold Senghor*, Bibliothèque nationale Luxembourg, 1983.

DEUX POÈMES, in revue *Celfan, III : 3*, Temple University, Philadelphie, USA, 1984.

LES ÉTÉS PERDUS, Seuil, 1999.

Illustration de couverture :
Hacène Benaboura, *Le Port d'Alger vu de la Casbah* (détail), DR

© Editions Laphomic, Alger, 1989
© ACTES SUD, 1990, pour la présente édition
ISBN 2-7427-4224-7

JEAN PÉLÉGRI

MA MÈRE
L'ALGÉRIE

BABEL

à Fatima

Les hommes sont semblables et différents.
Nous les décrivons différents pour qu'en eux
vous reconnaissiez vos semblables.

MOHAMMED DIB

Réformateurs, hommes de faible pesée !
Qui vous parle d'ordre ou de désordre, d'en-
vers ou d'endroit, d'Orient ou d'Occident,
du jour ou de la nuit ? Je veux le coude à
coude de toutes les choses contraires.

MOURAD BOURBOUNE
Le Muezzin

AVERTISSEMENT

Ce petit livre est peut-être mon dernier livre. Aussi je suis heureux qu'il soit publié en Algérie*, qui est mon pays natal, mais aussi le pays des sources et des références pour l'écrivain que je suis. J'essaierai d'y relater, simplement et sans détours, toutes les grandes leçons que j'ai successivement reçues du peuple algérien et de préciser l'image que je me fais de l'Algérie.

Aussi qu'on me pardonne si je parle trop souvent à la première personne. C'est pour moi la seule façon de rendre à l'Algérie et au peuple algérien tout ce qu'ils m'ont donné et appris jour après jour depuis l'enfance. Peut-être aussi pour leur tendre, par ce regard de quelqu'un qui se sent toujours de ce pays, un miroir d'eux-mêmes dans cette période décisive.

Il se trouve en effet que j'ai écrit les derniers chapitres de ce livre en octobre dernier, pendant que se déroulaient en Algérie les événements que l'on sait. Je ne pouvais y rester indifférent. Je ne pouvais

* Ce livre a paru pour la première fois à Alger en 1989, aux éditions Laphomic.

rester neutre. Mais pour que j'ose un jugement, en fin de livre, et pour justifier ce jugement, il me fallait dire tout ce qui précède : cette longue histoire que j'entretiens depuis toujours avec l'Algérie et le peuple algérien.

Sans elle, sans cette longue mémoire – et sans ce brusque réveil du peuple algérien –, l'image que j'avais jusqu'alors de l'Algérie se serait sans doute pulvérisée. Et je me serais tu. Par décence.

1er novembre 1988

I

Au départ, comme en toute vie, mes premiers
enseignements me vinrent du paysage natal. Car
les paysages sont comme les livres : ils nous
ouvrent à la vie mais leur sens change selon l'âge
et les circonstances. Tel arbre du paysage, tel personnage de roman, qui nous paraissaient insigni-
fiants au premier abord, deviendront majeurs et
essentiels à la relecture. Et c'est là le charme des
paysages. Comme nous ne leur posons jamais les
mêmes questions, ils ne nous donnent jamais
les mêmes réponses. Ils vivent et changent avec
nous. Et, matrice de notre mémoire, ils nous consti-
tuent à jamais.

C'est en eux que s'élaborent, jour après jour,
notre sensibilité et notre métaphysique du monde.
Et c'est par eux que l'écrivain, plus tard, retrou-
vera ses sources et ses repères, au point que chaque
fois qu'il décrira un paysage, que ce soit en son nom
ou par personnages interposés, il fera sans s'en
rendre compte son autoportrait.

11

Ainsi de mon paysage natal. Vu du haut du châ-
teau d'eau qui dominait la ferme, et auquel on
accédait par une étroite échelle de fer, c'était un
paysage banal de la Mitidja : un paysage d'arbres,
de vignes et d'orangers. J'aimais cet ordre, cette
géométrie. Je reconnaissais la marque de mon père
dans cette orangeraie entourée de cyprès, dans ces
routes de poussière blanche qui se croisaient à angle
droit, dans ces rangées de vignes coupées régulièrement par une rangée plus sombre de caroubiers.
De là-haut, cela ressemblait à une suite de portées
musicales à la dimension de la plaine – mais avec
quelques notes étranges et singulières : un grand
olivier sombre et majestueux, un palmier qui se
dressait solitaire au milieu des vignes et qui semblait grimper dans le ciel telle une araignée au bout de
son fil. Vers le fond, la tache plus sombre d'un petit
bois d'oliviers que bordait l'arabesque d'un oued ;
sur la droite, comme une enclave d'un autre temps,
un douar isolé, misérable et sans arbres. Et vers le
fond, noyée dans la brume de l'été, une haute et
mystérieuse montagne où brillait parfois, la nuit,
comme en préfiguration du futur, les lueurs rouges
d'un incendie allumé par des bergers.

C'était cela ma plaine, mon paysage.

Je ne savais pas alors que ce paysage avait été
conquis autrefois de force, très longtemps auparavant. J'étais un enfant, et l'enfant, comme souvent
les adultes, ne croit qu'aux évidences de l'œil. Je
pensais, moi, qu'il en était ainsi depuis toujours et
qu'il en serait toujours ainsi. C'était ma première

lecture. Il me reste cependant de ce paysage survolé un sentiment profond, inaliénable : celui d'un grand espace et d'une grande respiration. Des plaines, des cultures, des montagnes, des vallées profondes, de hauts plateaux, et en retrait, pour la soif et la prière, l'espace apparemment vide du désert : pour moi, c'est cela l'Algérie, cette diversité et cette immensité des lieux. Et c'est cela qui me manque le plus.

A l'époque, c'est surtout par les jeux de l'enfance que j'ai peu à peu découvert ce paysage et que j'en ai reçu mes premières leçons – ces leçons que dans les anciens livres des écoles primaires on appelait si joliment des *leçons de choses*. L'enfant a en effet cette faculté de s'amuser d'un rien et de fouiner partout. Ainsi, avec mes camarades de jeux – une demi-douzaine d'inséparables d'origines et de langues diverses – nous connaissions dans le détail tous les recoins de la ferme : la forge avec sa hotte, son enclume et ses fers portés au rouge ; l'atelier avec son treuil, son odeur d'huile et de chiffons gras ; le hangar avec ses chariots que nous transformions en navires de pirates et ses murs de bottes de paille que nous défendions comme des forteresses ; l'écurie déserte pendant la journée et la sellerie plongée dans la pénombre avec son odeur de cuir chaud ; le grenier avec ses successives cuves à grains et ses ouvertures qui donnaient sur la fontaine voisine où les filles, une jarre posée en équilibre sur leur tête, venaient chercher l'eau ; la noria, actionnée par un mulet aux yeux bandés, et dont

le cliquetis régulier scandait, comme une grande horloge à l'échelle des lieux, les après-midi d'été.

Nous avions trois vélos pour six. Et cela nous permettait de parcourir, fractionnés en équipes de deux, de grandes distances. Le premier de l'équipe parcourait une centaine de mètres et déposait son vélo sur le bord de la route. Le second rejoignait à pied le vélo, dépassait son équipier qui avait pour-suivi en courant son chemin, déposait le vélo une centaine de mètres plus loin, et ainsi de suite. Nous parcourions ainsi sous le soleil, dans cette sorte d'américaine, tout le paysage : la cour de la ferme, les buttes, les fossés profonds. Avec ici et là des haltes dans l'ombre d'un olivier ou d'un caroubier à l'odeur sucrée ; ou encore dans la cave dont nous aimions la fraîcheur acide et que l'on préparait pour les vendanges à grands coups de jet d'eau.

L'enfant, s'il a besoin de courses et d'espaces, a également besoin de secrets, de cachettes, et sur ce point nous n'échappions pas à la règle. Dans un fossé profond, renforcé de gabions, un grand arbre se dressait à mi-pente. Nous cachions là, dans une anfractuosité du tronc, la boîte d'allumettes et le paquet de cigarettes, au goût sucré, que j'avais déro-bés à mon père, et que nous fumions aux heures de la canicule, assis en rond, en nous passant la cigarette après chaque bouffée. Dans l'ombre de l'arbre, au creux de ce fossé, nous étions ensemble, nous étions complices, dans un temps immobile et

14

suspendu comme le soleil éclatant de l'été. Et le temps passait, insaisissable, uniforme, dans une communion parfaite avec l'espace de la plaine et la chaleur de l'été.

Plus loin, en bordure d'un carré de vigne, il y avait un autre fossé, plus étroit et bordé de grands roseaux. C'était là notre lieu de réunion, notre *zaouïa*. Le lit de ce fossé, craquelé par la chaleur, avait l'apparence d'un damier irrégulier ; et avec des brindilles de bois, nous jouions aux dames et au morpion. Avec passion. Comme si l'honneur de chacun était en jeu. Et souvent avec des injures en l'une ou l'autre langue. Après quoi, sous le couvert des roseaux, qui frémissaient au moindre souffle de vent, nous parlions de choses et d'autres, de sexe et de virilité, de champions cyclistes, de chevaux, des femmes toujours cachées et toujours invisibles, tout en caressant du doigt les cases du damier. Des cases si fragiles qu'à la moindre pression du doigt, leurs croûtes se désagrégeaient en une impalpable poussière si douce, si fine, si légère, qu'elle en devenait émouvante.

Puis, quand le soleil se faisait moins brûlant, nous rejoignions la ferme, soit par le fossé aux gabions, qui menait vers la cave et vers d'autres fossés, soit par ce même fossé de roseaux qui, quelques centaines de mètres plus loin, longeait l'écurie et le hangar à fourrage. Là, comme des plongeurs qui sortent de l'eau, nous émergions de l'ombre, nous faisions surface, retrouvant les jardins, les fontaines, la séguia aux parois cimentées

où coulait, vive et agitée de remous, l'eau venue de la montagne proche. Une eau fraîche et mouvante, où nous nous trempions, tout habillés, et dont le courant nous entraînait vers une rangée de grands oliviers.

D'autres fois, à partir du damier, nous partions dans l'autre sens, toujours dans l'ombre des roseaux, pour rejoindre par une marche plus longue le petit bois d'oliviers, peuplé de grives et d'asperges sauvages, qui limitait la ferme et qui débouchait sur un grand oued. A sec la plus grande partie de l'année, encombré de galets venus eux aussi de la montagne, cet oued comportait ici et là des zones de sable fin, de sable tiède. C'était là, malgré l'eau absente, notre plage ; et nous faisions mine, comme le chat qui s'amuse avec une boule de papier qu'il prend pour une souris, de plonger du haut d'un bloc de pierre dans une mer imaginaire. Puis nous reformions la zaouïa et nous reprenions nos discussions, à propos de tout, à propos de rien. Parfois même il nous arrivait de parler de Dieu. Chacun le sien, et chacun avec ses arguments. Comment croire en effet qu'il s'agissait du même puisqu'il portait des noms différents, Dieu pour les uns, Allah pour les autres ? Ainsi ai-je commencé à apprendre, dès l'enfance, comme si les mots étaient plus importants que la chose, que les guerres et les conflits naissent parfois d'un malentendu de vocabulaire.

De ces après-midi d'été il me reste aussi l'idée qu'il y a parfois dans un paysage deux géographies : l'une visible, apparente, solaire, celle des routes poudreuses, des vignes et des orangeraies ; et une autre souterraine et plus ou moins clandestine : celle des fossés et des roseaux. L'idée, également, qu'on ne peut vraiment connaître un paysage, ou une ville, si l'on ignore ses creux, ses fossés, ses couloirs souterrains, sa face cachée.

De cette vérité découverte pendant l'enfance, je devais recevoir confirmation bien des années plus tard. Lors du tournage du film *Les Oliviers de la justice*, plusieurs séquences furent tournées, en octobre 61, dans une autre ferme de la Mitidja. Il y avait là des vignes, des orangeraies, comme dans la ferme natale, mais aussi, en bordure des vignes, un fossé de roseaux. Et pendant les temps morts, pour retrouver mes sensations d'enfance, il m'arrivait souvent d'y faire un tour. Jusqu'au jour où le gardien de la ferme me dit, impérativement, de ne plus m'y risquer. Je lui demandai pourquoi. Il me répondit : *"Parce que c'est le chemin des fellaghas. Ils ont l'habitude de passer par là, tous les jours. Même la nuit."*

Ainsi, tout comme les enfants imitent les adultes quand ils jouent à la guerre, de même les adultes, quand ils font la guerre, retrouvent tout naturellement les chemins de l'enfance et l'autre géographie : les bois, les fossés, les roseaux, l'anfractuosité d'une grotte. C'est là le recours suprême de toutes les résistances : la connaissance intime des lieux

et le retour aux gestes de l'enfance. A cette différence que l'enfant, dans sa sagesse, n'a point besoin
de sang pour acquérir cette connaissance. La curio-
sité et l'imaginaire lui suffisent.

Nous aussi, pourtant, nous faisions la guerre.
Mais à notre façon. Et comme les enfants s'amu-
sent toujours à rejouer la guerre de leurs pères, la
nôtre c'était celle de 14-18. Il y avait donc les
Français et les Allemands. A cette occasion, pour
augmenter les effectifs, notre groupe de six inséparables se renforçait de tous les enfants dis-
ponibles de la ferme. Des garçons de différents
âges, mais aussi quelques filles dont le rôle
consistait à soigner les supposés blessés et à porter des messages. Ce qui les irritait. Elles auraient
voulu, contrairement aux usages, participer aux
combats.

Le matin de la guerre, les chefs des deux armées
étaient désignés – première innovation – par vote
ou par acclamation. Ensuite, en "faisant les pas",
chaque chef choisissait ses soldats. Mais la question de savoir qui seraient les Français et qui seraient
les Allemands restait en suspens. Elle n'était réso-
lue que l'après-midi, vers trois heures, par une
épreuve entre les chefs. Cette épreuve consistait à
uriner, chacun à son tour, dans une bouteille. Celui
qui remplissait le plus sa bouteille était "le chef
des Français" ; et du même coup il avait le privilège de se coiffer du casque que mon père avait
rapporté de la guerre 14-18.

C'était une épreuve difficile, et l'un d'entre nous, Saïd, y excellait. Il fallait en effet boire beaucoup – et j'entends encore les reproches de ma mère, à table, devant ma façon d'ingurgiter un verre après l'autre – mais ne pas boire trop. Sinon, quelques minutes avant l'épreuve, c'était la déroute, le désastre, la risée, les sarcasmes. Il fallait donc, pour arriver à l'exacte mesure, une grande connaissance de soi et une parfaite maîtrise de son corps, toutes qualités nécessaires pour assumer une fonction de commandement. C'est pourquoi j'ai toujours pensé qu'il serait très utile, à mon sens, dans la période d'instruction, d'introduire cette épreuve de la bouteille dans toutes les écoles militaires.

Mais si j'ai rapporté ce souvenir lointain, c'est pour une autre raison. C'est simplement pour dire que ce Saïd, qui était si acharné à être le chef des Français et à porter le casque, devait être un des premiers, plus tard, à rejoindre ses frères combattants.

Je ne sais si dans cette guerre, il s'est souvenu de ses premiers combats et des armistices qui suivaient. Mais ce dont je suis sûr, c'est qu'il avait, pour cette autre guerre, toutes les qualités voulues et une connaissance intime des lieux.

Une autre et importante leçon me fut donnée pendant ces jeux de l'enfance. C'est là que j'ai appris, en ces lieux divers, et avec mes camarades arabes, kabyles, français et espagnols, qu'une chose ou un animal pouvait avoir plusieurs noms, qui variaient selon les moments et les circonstances.

Un nom le plus souvent arabe quand il s'agissait des chevaux – de leur force ou de leur superbe ; un nom français quand il s'agissait de mécanique et de certains travaux agricoles. Et il en était de même pour les injures. Je trouvais pour ma part que les injures arabes, par leur raucité, étaient plus éloquentes et plus conséquentes, surtout quand je les adressais à un camarade arabe. Lui c'était l'inverse. Il m'injuriait en français. Comme quoi, quand on veut humilier ou mettre quelqu'un en question, il vaut mieux le faire dans sa langue, en captant ses signes et ses vocables. C'est ce qu'ont bien compris les peuples colonisés, et en particulier leurs écrivains.

Le recours à une autre langue n'est donc pas sans conséquences. Il change parfois la nature de l'objet qu'il désigne. Quel rapport, par exemple, entre une *figue*, une *higo* et une *kermouça* – entre des *cerises* et ces fruits des rois, *h'abb elmelouk*, comme mes camarades les nommaient ? Lesquels ont le plus de goût, de saveur, d'arrière-sens ? J'ai éprouvé le même sentiment en lisant la traduction de certains de mes livres. L'anglais, par exemple, affadissait le paysage, en particulier tout ce qui concernait la vigne et le raisin. L'espagnol, par contre, par ses sonorités, en multipliait la présence. Et l'arabe, pour des raisons qui m'échappaient, lui ajoutait un sens moins local et plus tellurique, qui s'accordait avec la dimension du paysage et la présence de la grande montagne qui barrait l'horizon. D'où le sentiment que j'ai, depuis lors, de la

relativité des langues. Aucune ne peut exprimer totalement la diversité et la multiplicité du monde. Comme il est dit dans le Coran : *"C'est l'un des signes de Dieu que la diversité de nos langues, de nos couleurs. Il y a là des signes pour l'univers."* Ce qui laisse entendre que refuser cette diversité, c'est aussi refuser Dieu.

Par ce recours à des mots d'origines diverses, j'habitais donc, sans m'en rendre compte, un monde constamment divers, constamment multiple. Comme la Création. Un oranger ou un jujubier avait par exemple trois ou quatre noms. De ce fait j'avais plusieurs arbres, à la fois semblables et différents. Alors qu'aujourd'hui, en France, quand je dis oranger ou jujubier, je n'ai plus qu'un arbre. Un arbre solitaire et triste comme s'il avait perdu son ombre.

Cette diversité, ce monde multiple, je les retrouvais dans les usages et les coutumes de chacun. Dans le choix des épices pour agrémenter les plats. Dans la façon de mourir et de rejoindre, enroulé dans un voile, la terre maternelle. Dans le salut des uns, direct et cordial, et le *salam* des autres, où Dieu intervenait, et qui s'accompagnait d'un geste de la main sur le cœur. Souvent j'étais tenté de faire ce geste – et je le suis toujours avec certains. Mais une sorte de pudeur me retient, et je ne peux que l'esquisser. Comme si je craignais qu'on ne le prenne pour une simple imitation, un hypocrite simulacre. Je n'ai appris à le faire que plus tard, avec une vieille femme algérienne qui m'a beaucoup

appris et dont je parlerai ultérieurement. Elle, elle me connaissait. Et elle savait que je l'aimais. On ne peut prendre en compte les gestes de l'autre que si l'autre sait le sens qu'on leur donne.

Tout enfant, cependant, un usage me choquait. Quotidiennement, et à heures fixes, des ouvriers de la ferme, après avoir lentement délimité du regard un tapis imaginaire, s'agenouillaient dans un rang de vignes ou sur la poussière d'une route pour une prière rituelle et solitaire. Ce qui me choquait, ce n'était pas cette coutume de prier dans le paysage. J'aimais au contraire cette façon, si différente de nos usages, de fondre les mots de la prière dans l'espace des vignes, des arbres, du ciel. Et à la manière des enfants qui imitent les adultes pour savoir, pour comprendre, il m'arrivait parfois, caché derrière un pied de vigne, de faire comme cet homme qui priait, de me prosterner comme lui, avec le même balancement, en espérant sans doute trouver dans ce mimétisme, et par quelque miracle, le sens d'un geste qui m'échappait.

Ce qui me choquait, c'était cette façon qu'avait celui qui priait de se mettre parfois en biais par rapport à l'axe de la route et des rangées de vignes. Pourquoi cette orientation, cette curieuse orientation qui allait à l'encontre de la belle géométrie des routes, des vignes et des allées ? Pourquoi cette façon de se mettre ainsi en travers des lieux ? Ce fut mon père qui me donna un jour l'explication de ce mystère. Par un dessin en forme de rosace, qu'il traça du bout de l'index dans la poussière de

la route, il m'expliqua que tous les musulmans avaient l'habitude de prier en se tournant vers une pierre, une pierre sacrée. Cette autre mais invisible géométrie m'avait beaucoup frappé. Et je revois encore son doigt en train de tracer dans la poussière de la route cette mystérieuse rosace, cette fleur immense posée sur les différents pays de l'univers et dont le cœur était une pierre. Ce fut, je crois, ma première émotion métaphysique.

Ainsi donc, de même qu'il y avait dans le paysage deux géographies et plusieurs langages, il y avait aussi deux géométries : l'une apparente et l'autre invisible. Et l'espace n'était pas neutre. Il était axé. Axé vers un centre. Par un livre et une prière.

Cette idée, qui resta vague pendant l'enfance, devait resurgir plus tard avec force. En écrivant *Le Maboul* et parce que le personnage central est musulman. Là aussi, la source en est l'enfance. Et depuis lors il m'est difficile d'écrire sur un paysage privé d'axe et de centre. C'est pourquoi sans doute la plupart de mes livres concernent l'Algérie. Là, seulement, je retrouve mes repères, mes chemins, mes orientations. Eloigné d'elle, je me sens égaré. Comme si j'avais perdu mon centre et ma boussole.

Le soir, après dîner, il m'arrivait souvent de sortir de la maison. Je retrouvais, plongés dans la pénombre, les arbres familiers, le sol encore tiède de la chaleur de la journée, les odeurs de la nuit. Et aussi le gardien de la ferme : un personnage

nocturne, et donc différent des autres, qui parcourait dans les ténèbres les lieux et les chemins, et qui, à l'aube, venait réveiller mon père en cognant sur le volet et en l'appelant par son prénom. C'est lui, avec sa voix rauque, qui m'apprit en arabe le nom des étoiles et des constellations, en me les montrant du doigt ou en dessinant du bout de son bâton leurs étranges et successives figures. Avant de connaître son nom en français, j'appris par lui que la Petite Ourse s'appelait le chariot de Sidi Okba ; et que près de la deuxième étoile du brancard luisait, minuscule, une petite étoile du nom d'*Alcor* (ou d'*Alcoran*), que l'on ne pouvait distinguer, disait-il – à condition d'avoir une bonne vue – que par temps clair et si l'on cherchait Dieu.

J'avais de ce fait le sentiment d'avoir, là aussi, deux vies, d'habiter deux pays : l'un, solaire, européen, avec ses travaux agricoles, ses vignes et ses orangers, où je reconnaissais la marque de mon père ; et l'autre, nocturne, arabe, avec le chant des vendangeurs du côté de la cave, et tous ces noms tracés autour d'un croissant de lune dans un ciel profond et infini. Si bien qu'aujourd'hui encore, à Paris, quand il m'arrive de contempler les étoiles et les constellations, je me surprends souvent à essayer de retrouver leurs noms d'origine, leurs noms arabes, et à chercher des yeux, à l'avant du chariot de Sidi Okba, cette minuscule et mystérieuse étoile qui n'est visible que pour le croyant.

De ces nuits d'été il me reste le sentiment que le ciel n'est pas vide, ni effrayant, contrairement à ce qu'affirme Pascal. Qu'il est peuplé de tous les signes que chaque peuple a tracés là-haut, dans sa langue et son écriture, et auxquels s'ajoutent aujourd'hui d'autres signes venus de la technique ou de l'esprit guerrier. De sorte que lire le ciel nocturne, c'est aussi lire l'histoire des hommes : Mars et le glaive d'Orion y voisinent avec la Vierge et le chariot de Sidi Okba. J'ai également appris, dans ces conciliabules de l'ombre, que le lune est tout aussi importante que la soleil – puisque ces astres changent de sexe en changeant de langue. Ce furent là ce que l'on appelle, dans la liturgie catholique de la semaine sainte, mes *leçons des ténèbres*.

J'ai ainsi découvert, en ces jours et ces nuits, qu'en toute chose, l'envers vaut l'endroit, le caché l'apparent ; et qu'on a besoin de celui qui est d'une autre langue et d'une autre foi pour découvrir l'autre côté de la réalité, l'autre nom des choses – pour en savoir davantage sur notre condition d'hommes et pour mettre à jour cet arrière-pays de nous-mêmes qu'on ne peut déchiffrer que par ce détour. C'est la différence qui nous enseigne et nous agrandit. Non la simple similitude.

C'est pourquoi, encore aujourd'hui, quand j'ai à résoudre un problème – comme dans les appareils photographiques *reflex* où pour trouver la distance exacte il faut parvenir à recomposer un personnage coupé en deux –, j'ai toujours besoin de faire coïncider deux images : celle d'un Maghrébin

et celle d'un Européen. Quand ces deux images coïncident et se superposent, alors, et alors seulement, il me semble que j'ai une image plus exacte de l'homme. Et je peux dire alors, comme dans le Coran : *"Oui, nous avons créé l'homme de la plus belle façon."*

Les autres leçons de l'enfance me vinrent de mon père. Il avait ses défauts, ses dérives, et même ses aliénations. Mais c'était un doux et comme tous les doux il avait de brèves et furieuses colères. Ouvert, généreux, il était toujours disposé à ouvrir sa bourse à n'importe qui, sur parole, comme c'était l'usage dans cette génération. Une prodigalité inconséquente et imprudente qui devait le conduire plusieurs fois au bord de la ruine. Tout le contraire, en somme, de son terrible père, un homme cruel, avide et cupide qui par son travail acharné, son astuce, ses pratiques usuraires, avait fait fortune en quelques années. Et qui plus tard, dans un procès retentissant, devait être accusé d'avoir tué un de ses ouvriers.

Les fils, souvent, se définissent par opposition à leur père. Et ce fut, me semble-t-il, le cas de mon père. Il avait la passion de la vigne, du défrichage, des puits, de tout ce qui était moderne, et il fut prodigue comme son père était avare. Ce fut aussi le cas de son jeune frère. Ingénieur agronome, il alla chercher en Californie des plants d'arbres fruitiers, qu'il acclimata et reproduisit dans sa pépinière, et que l'on retrouve, encore aujourd'hui, dans

de nombreux vergers d'Algérie. Cette passion des arbres le conduisit aussi à la ruine. C'est pourquoi je me sens blessé quand des historiens ou des journalistes confondent par ignorance, et du fait qu'ils portent le même prénom, mon père avec mon grand-père.

Je lui dois en effet beaucoup dans ma prise de conscience. Il avait une idée fixe, la justice, et il ne cessait de me répéter, en toute occasion, que l'important dans la vie, c'était d'être juste. Et que les musulmans étaient particulièrement sensibles sur ce point. Aussi l'ai-je vu souvent revenir sur une décision, précédemment prise, parce qu'un ouvrier lui avait démontré qu'elle n'était pas juste. Il acceptait même en cette occasion d'être verte-ment apostrophé. Et je le revois en train de revenir à la maison, la tête basse, en maugréant, mais tout en reconnaissant que l'autre avait raison. C'est une leçon que je n'ai pas oubliée mais que j'ai mis pas mal de temps à pratiquer régulièrement. Comme souvent les Algériens, et parce que nous nous res-semblons sur ce point, j'avais tendance, et je l'ai parfois encore, de me dresser sur mes ergots et de répondre à l'apostrophe par l'apostrophe.

Il me parlait rarement de son père qui était mort avant ma naissance. Et quand il le faisait, c'était le plus souvent pour évoquer le caractère sévère et impitoyable de ce personnage, mystérieux à mes yeux, qui obligeait son fils à se lever chaque jour à quatre heures du matin, même si la nécessité ne s'en faisait pas sentir, et qui exigeait qu'il parcourût à

pied, matin et soir, le cartable au dos, les sept kilo-
mètres qui séparaient la ferme de l'école du village voisin, alors qu'un char à bancs de la ferme
parcourait souvent aux mêmes heures le même
trajet. Mais il ne parlait jamais du reste, du fameux
procès, jugeant sans doute que c'était son affaire et
que c'était à lui d'assumer cette pénible succession.

   Il lui reprochait surtout, tout en comprenant ses
raisons, de lui avoir fait quitter trop tôt, pour s'oc-
cuper du domaine, des études qui lui plaisaient et
dans lesquelles il réussissait. C'était en effet son
grand regret. Et il compensait ce manque par la
lecture de toutes sortes de livres. Des livres d'agriculture, d'arboriculture, de viticulture, d'œnolo-
gie, de radiesthésie – puisqu'il était sourcier et
qu'il acceptait volontiers, quand on le lui demandait, de chercher les sources cachées dans la plaine.
Mais aussi diverses encyclopédies, les œuvres
complètes de Victor Hugo, ainsi que l'*Histoire de
France* de Michelet que grâce à lui j'ai pu lire, adolescent, aux heures de canicule, peuplant la plaine
natale de rois successifs, de guerres lointaines,
d'émeutes, de jacqueries, de prisons, de journées
révolutionnaires, de guillotines.

   Mais son livre préféré était *Les Misérables*. Un
gros livre relié en vert qu'il relisait, régulièrement,
chaque fois qu'il avait un moment de libre. Le personnage de Jean Valjean, devenu M. Madeleine, le
fascinait. Il m'en parlait souvent. Un jour même il
me dit, faisant sans doute allusion à son père ou à
quelque erreur de jeunesse : "Tu vois, mon fils, ce

n'est pas ce qu'on est au début qui compte. C'est ce qu'on devient ensuite." Et il ajouta, en caressant la page ouverte du gros livre : "Dans la vie, on peut changer, on peut devenir un autre."

Cette réflexion, quelque peu énigmatique, m'avait beaucoup frappé. Elle rejoignait le sentiment d'une identité vague que j'avais, la nuit, quand je me promenais sous une voûte céleste peuplée de noms arabes. Ou lorsque dans nos jeux d'enfants, un arbre, un fruit, un animal, était nommé dans une autre langue. Tout pouvait changer, tout pouvait avoir un autre nom. Cela me rappelait la question naïve que je lui avais posée un jour, tout enfant, et qu'il prenait plaisir à me répéter de temps à autre. M'étonnant de la diversité de tous ces vocables, je lui avais demandé, avec un air très sérieux selon lui : "Et moi, quel est mon nom ? Quel est mon nom dans les autres langues ?" Amusé, il m'avait répondu : "En arabe, je peux te le dire. Ton prénom, c'est *Yahya*. – Et mon nom ? avais-je demandé. – Pour ton nom, avait-il répondu, c'est plus difficile !" Et il m'avait expliqué que ce nom venait sans doute d'un mot espagnol, *perigrino*, qui voulait dire pèlerin. "En arabe, tu t'appellerais donc *El Hadj*, *Yahya El Hadj*." Et je m'étais retrouvé, comme Jean Valjean, avec une nouvelle identité. Tandis qu'il ajoutait : "Tu sais comment s'appelle la ferme, *El Kateb*. En arabe cela veut dire *L'Ecrivain*... Peut-être qu'un jour, plus tard, *Yahya* El Hadj sera lui aussi un écrivain ?" Perspective qui ne m'enchanta guère. Je préférais à cette époque le vélo et les gants

de boxe. Mais qui me revint à l'esprit, plus tard, comme il l'avait prévu, après avoir écrit *Le Maboul*. Devenu un autre, j'aurais souhaité qu'il fût publié sous un autre nom, celui de *Yahya* El Hadj. On me le déconseilla, avec toutes sortes d'arguments. Mais il m'arrive, parfois, de regretter de n'avoir pas écouté mon père. Il avait peut-être raison.

Ce furent là mes leçons de l'enfance. Elles m'enseignent encore. C'est pourquoi j'ai régulièrement besoin, comme homme et comme écrivain, de me retourner vers ce paysage. Par lui je me rapatrie.

Il faut juger alors avec les yeux d'alors.

ARAGON

II

Mais tout cela n'était encore qu'une première lecture. Et tout n'était pas rose dans ce paysage. Il y avait les gourbis, la misère, et cette injustice centenaire dont on ne se rendait plus compte pour la raison même qu'elle était centenaire. Il y avait, dans le voisinage, ce douar misérable où plusieurs familles survivaient à l'aide de quelques poules et de quelques chèvres. Il y avait aussi, à l'intérieur des fermes, qui formaient un monde clos, ce qu'on appelle le paternalisme. C'est vrai. Mais c'est un mot à double sens. Il peut désigner, comme dans les familles, une société où un homme a tous les pouvoirs et où tout dépend de son arbitraire. Femmes et enfants doivent s'y plier. Cela se produisait souvent et, comme dans les familles ou les tribus, cette tyrannie est toujours difficilement supportable. Et encore davantage quand elle est exercée par un *roumi*. Mais le mot paternalisme, en raison même de son étymologie, peut aussi désigner un type de société où les rapports sont réglés, non par des lois formelles, mais par des liens d'ordre familial. L'arbitraire subsiste, mais il est tempéré par le

31

fait que le "père" connaît chacun de sa famille, qu'ils se parlent chaque jour, que les usages et les croyances de l'autre sont admises, et que des gestes ou des cadeaux sont échangés. Cela explique peut-être pourquoi, parmi tous les pieds-noirs, ce sont les colons qui sont souvent les mieux accueillis quand ils retournent en Algérie. Si la terre a changé de mains, le paysage et les souvenirs subsistent. Et l'on sera étonné si un jour est publiée la correspondance qui a continué de s'échanger, depuis 1962, et malgré la séparation, entre les uns et les autres. Comme un héritage, la terre divise ; mais aussi elle relie. Quand justice est faite. Tout dépend des personnes et des liens qui se sont autrefois créés.

De ce fait, bien souvent, ce sont des Algériens, et non les Français de la Métropole, qui détiennent la mémoire de nos parents. La mémoire de leurs gestes et de leurs paroles. Ils savent, eux, le travail accompli par nos pères et nos mères. Ce travail qui a donné un sens à leur vie. Inversement, ce sont les pieds-noirs qui détiennent bien souvent une part de la mémoire d'Algériens et d'Algériennes dont ils continuent, malgré la séparation, à évoquer régulièrement le souvenir. Tous ces échanges obscurs, que nous sommes seuls à connaître, expliquent sans doute la volonté de jeunes pieds-noirs, qui n'ont pas connu la guerre, de se constituer en associations pour garder contact avec le pays de leurs pères – ou pour aller vivre en communauté dans l'Algérie indépendante. Nostalgie, mémoire, racines, ces trois éléments se retrouvent, à des degrés

qui dépendent des lieux et des générations, dans cette histoire mal connue et souterraine qui s'est déroulée entre les uns et les autres, là où les rapports étaient quotidiens. Et cette histoire constitue une bonne part de notre identité.

Malheureusement, et injustement, il y avait, au-dessus, une autre histoire. Celle du colonialisme. Ce colonialisme qui était la loi générale, qui dénaturait les rapports quotidiens, qui conditionnait la politique, la foi, l'instruction, et qui introduisait partout la ségrégation. Ainsi, le lundi, quand je partais vers l'école, mes camarades algériens, eux, restaient à la ferme. Sans livres et sans cartables. A l'époque, parce que j'étais un enfant, parce que je ne me doutais de rien, je considérais cela comme un privilège et je les enviais. Ils pourraient, eux, continuer à parcourir la ferme, les chemins, les fossés.

Je ne me doutais pas non plus que l'école – ce début de culture – isole, sépare, à mesure que l'on grandit. Et surtout au moment de l'adolescence, cette période trouble et agitée où l'on cherche, en dehors de soi-même et de son paysage, de nouvelles raisons de vivre et d'espérer. C'était donc la lecture qui m'occupait ; et je préférais passer l'après-midi à lire en solitaire, jusqu'à plus soif, à la compagnie de mes camarades. A l'exemple de ma mère, je lisais tout, n'importe quoi, pour fuir, pour rêver : des romans qui se passaient ailleurs, en d'autres pays, des pièces de théâtre contemporaines qui paraissaient chaque mois dans le supplément à

L'Illustration, des livres d'amour et d'aventures aux cadres exotiques. Et j'aspirais à une autre vie en d'autres lieux lointains.

Seuls, quelques livres me ramenaient à la ferme, mais en me donnant une autre lecture du paysage. J'aimais *Les Rêveries d'un promeneur solitaire* de Jean-Jacques Rousseau, et surtout la méditation au bord du lac, que je savais par cœur, et que je m'efforçais, à partir de son texte et de sa musique, de transposer sous forme de variations dans le cadre de mon paysage natal.

"Quand le soir approchait, je quittais les abords de la ferme et j'allais volontiers m'asseoir au bord de l'oued, sur le sable, dans quelque asile caché. Là le chant d'une grive et l'immobilité des galets fixant mes sens et chassant de mon âme toute autre agitation la plongeaient dans une rêverie délicieuse où la nuit me surprenait souvent sans que je m'en fusse aperçu..." J'aimais aussi certaines pages des *Carnets* de François Mauriac : celles où il évoquait les rangées de vignes, l'odeur de la glèbe, la chaleur de l'été ; et les pages de *Thérèse Desqueyroux* où il décrivait le retour de son héroïne chez elle, de nuit, dans un break aux coussins de crin en tout point semblable à celui de la ferme. Ces livres, par leur musique et leur vocabulaire, me donnaient un autre sentiment du paysage natal. Mais les usages et les visages algériens en étaient absents.

Un autre livre, par contre, me permit d'entrevoir pour la première fois, mais de manière encore confuse, ce que pouvait être l'injustice, le colonialisme.

Il s'agit d'*Anna Karénine*, un livre dont j'ai relu, à différentes époques de ma vie, toujours les mêmes pages. Ce qui m'intéressait, en effet, ce n'était pas l'histoire d'amour entre Anna et Vronski, trop commune à mon gré, mais celle d'un de ces personnages en apparence secondaires, que l'on retrouve dans tous ses romans, mais où Tolstoï semble dire l'essentiel de lui-même. En l'occurrence il s'agissait de Michel Lévine, ce propriétaire terrien de bonne volonté qui s'efforce de mettre en œuvre dans son domaine, avec ses moujiks, les idées nouvelles exposées lors de leurs visites amicales par de brillants intellectuels de Moscou. Tentatives qui lui attirent l'hostilité déclarée des notables du lieu, mais aussi la méfiance de ses moujiks. Je reconnaissais là les problèmes de mon père : la différence entre la théorie et la pratique, la difficulté de changer les usages, l'échec qu'il avait enregistré quand il avait voulu, un jour, remplacer les gourbis par des maisons en dur qui furent construites mais jamais habitées. J'y retrouvais aussi, avec un amour de la terre qui m'exaltait, le sens de l'espace dans la description du paysage, les travaux de la forge, la fièvre des moissons analogue à celle des vendanges, et cette foi simple et tenace des moujiks, pareille à celle des ouvriers de la ferme, qui leur permettait de résister à l'aliénation et au délitement.

Il me semblait, confusément, que la vérité et la justice n'étaient point dans les notables encaqués dans leurs privilèges, ni dans les intellectuels aux

idées en l'air, mais dans Michel Lévine et les moujiks. Le triste, c'était qu'entre ces derniers, l'échange était difficile, ambigu. Même si les relations quotidiennes étaient confiantes, toute tentative de changement semblait par avance vouée à l'échec. Et devant cette triste constatation, une vague angoisse me venait, lancinante : que ferais-je, moi, si j'avais un jour à succéder à mon père ? Comment sauver ma vie et ne point devenir un de ces haïssables notables ? Comment garder contact avec ces "moujiks", d'une autre race et d'une autre langue, qui m'avaient enseigné au quotidien tant de grandes et d'utiles leçons ? Et coincé dans ce piège, je commençais timidement à me dire que les intellectuels moscovites avaient peut-être raison sur un point : on ne peut à soi seul changer l'ordre établi. Il y faut autre chose, mais quoi ? Et fallait-il pour autant condamner Michel Lévine ? Et par ce biais je revenais à mon père.

C'est vers cette époque, et peut-être pour échapper à ces insolubles questions, que je me tournai vers la foi et que j'entrai en religion. Jusque-là cette foi chrétienne n'était qu'un rite, une occasion d'aller chaque semaine au village pour la messe dominicale. Tout en pensant à mes camarades de la ferme, j'écoutais sagement l'office en contemplant, dans la lumière irisée que les vitraux donnaient à la nef et aux colonnes, les personnages étrangement colorés de ces mêmes vitraux : la Vierge Marie, l'ange Gabriel, l'enfant Jésus, saint

Georges et son dragon. Il m'arrivait aussi, parfois, de songer à l'étrange et symbolique accident qui avait troublé l'enterrement de mon terrible grand-père. Gravement brûlé dans l'incendie de son auto, il était mort dans les jours suivants ; et pendant l'office funèbre, comme pour le punir encore davantage de tous ses péchés, la couronne en celluloïd posée sur son cercueil s'était brusquement enflammée sous la lumière polarisée tombant d'un des vitraux. Peut-être celui de saint Georges avec sa lance ? Et il avait été enterré dans un cercueil roussi par les flammes.

Avec l'adolescence et sa soif d'absolu, cette foi rituelle s'était bientôt transformée en une foi active, militante, et plus ou moins totalitaire. Il n'y avait qu'une foi, la mienne, un seul Dieu, celui que je priais ; et oubliant les leçons de l'enfance, je rêvais, quand j'étais en ville, comme le centurion de Psichari, d'aller évangéliser les déserts pour le triomphe de la Croix sur le Croissant.

Je ne retrouvais qu'à la ferme le Christ et son message d'amour. Et la lecture des Evangiles me donnait, là aussi, une nouvelle lecture du paysage. Le petit bois d'oliviers devenait celui de Gethsémani ; l'oued voisin, avec son sable et ses galets, le Jourdain. De même, certains mots prenaient soudain un autre sens : l'ouvrier de la onzième heure, l'ivraie, la grappe, le lys des champs, la brebis perdue, le mot lapidation. Jésus aussi, comme les ouvriers musulmans de la ferme, considérait la nature comme une église et le paysage comme un

prie-Dieu. Un prie-Dieu fait de paille, de vignes, de glaïeuls et de blé.

Mais c'est surtout une phrase des Evangiles qui me hantait – celle qui disait que Jésus avait l'habitude de déambuler dans la nuit en priant. Une phrase que je préférais dans sa condensation latine : *Deambulabat noctem orans*. Cette brièveté, ces sonorités, changeaient le sens du paysage. Faisant de la nuit le lieu de la prière et de la connaissance, elles lui donnaient, par cette autre expression, avec une sacralisation émouvante, une autre transparence, un autre tissu, tout comme chez les musulmans, sans doute, quand il leur arrive d'entendre évoqués dans le Coran, en arabe littéraire, la lune, l'arrivée de la nuit, ses ténèbres, le voyage nocturne, la nuit de la Destinée, la réunion et la séparation. Comme si d'autres vocables, et des sonorités différentes, avaient l'étrange pouvoir de changer les lieux les plus familiers.

Mais il est difficile, adolescent, de vivre constamment dans la pensée de Dieu. Il y avait aussi, toujours présente, et parallèlement à cet appel de Dieu, la sourde, la violente, la dévorante sensualité. Une sensualité qui hantait mes nuits et qui me semblait à la mesure du paysage solaire, de l'espace des vignes et des roseaux. Je rêvais d'être officier dans le désert, ou d'être moine en son enclos ; et l'instant suivant, à peine ma prière terminée, à peine couché, sans transition, comme la chevauchée des Walkyries, surgissaient de troublantes

images, de délicieuses et violentes tentations, et avec les mots d'une prière détournée et sacrilège, je déshabillais toutes les Madeleine et leurs cheveux, toutes les Madeleine et leur parfum. Et rien n'y faisait, ni les déserts, ni les moines, ni cette montagne où le Christ avait triomphé de toutes les tentations. Que pouvaient faire les paroles de Dieu contre ces chevauchées adultères ? Moi, je n'étais pas Dieu.

Aussi, le lendemain, quand la chose était possible, pour retrouver un peu de pureté, j'allais vers la mer, vers la plage virginale de l'aube, vers la brise venue du large et vers ce sable lisse encore intact de traces humaines. Là tout était sans taches, sans problèmes, hors du temps et de l'histoire et dans cette fraîcheur lustrale, je rêvais à la néréide qui allait surgir de la vague – ou, comme René, tournant le dos à la plaine, et m'absentant de moi-même, j'aspirais derechef à une autre vie, sur d'autres rivages. Et là encore, pour m'aider à fuir, je lisais. Je lisais Paul Valéry, le plagiant en écriture mais aussi en actes, allant chercher, dans un cimetière du haut de la ville, une vue sur la mer toujours recommencée, ou récitant alternativement avec un ami, entre les rangs de vignes et sur les mottes tièdes, les successives strophes de *La Jeune Parque*. Je lisais, rêvant de désert, et sans me douter que par leurs œuvres ils avaient préparé la colonisation, la vie de René Caillé, celle du père de Foucauld, ou encore les carnets de route de ce Michel Vieuchanges qui était mort de faim et de soif en

essayant d'atteindre une oasis inconnue. Je lisais et relisais *Vasco*, de Marc Chadourne, m'identifiant à ce personnage qui, pour fuir l'Europe, s'en va vivre sous le soleil sans histoire des îles lointaines. En somme j'étais toujours ailleurs et toujours absent de moi-même. Et sans en connaître les causes, qui cependant auraient dû me crever les yeux, je rêvais de vivre n'importe où, mais ailleurs. En me servant de tout et de n'importe quoi, la lecture, la foi, la mer, le désert, je reniais en moi l'Algérie.

Je devais y revenir par un détour inattendu. Brusquement, mon père se retrouva ruiné, et cette fois de manière définitive. Soudain plus un sou, la ferme vendue, et d'anciens amis qui prenaient leurs distances. J'en souffrais pour lui. Sans la ferme et les vendanges, il n'était plus lui-même. Il se levait toujours à l'aube, mais au lieu d'aller vers l'écurie et les vignes, soudain inutile et soudain vieilli, il tournait dans l'appartement, obstinément, comme un animal en cage. Avec une sorte de honte.

La consolation, la seule consolation, lui vint cette fois encore de la ferme. Chaque semaine, et à tour de rôle, quelques-uns de ses anciens ouvriers lui apportaient à manger : des figues, du raisin, des poulets, des "poires de France" qu'ils n'achetaient jamais pour eux-mêmes et qu'ils offraient en disant, comme si c'était la chose la plus naturelle du monde : *"C'est pour toi !"* Tout en lui racontant, en arabe, ce qui se passait dans *sa* ferme : la mort d'un vieux,

un début de mildiou dans la vigne, tel cheval blessé, une dispute entre un tel et un tel. Après quoi ils repartaient, aussi simplement qu'ils étaient venus, en disant *eldjemâa elmadji*, à la semaine prochaine.

Mon père, jusqu'à la fin de sa vie, ne devait jamais oublier cette nourriture offerte pendant l'épreuve, ces paroles de consolation venues du cœur. Moi non plus. Et c'est sans doute à cette époque, en les voyant ainsi près de mon père, que j'ai appris à considérer ces ouvriers et ces camarades de jeux, dont je m'étais égoïstement éloigné pendant l'adolescence, comme des frères. Ces frères, dont parlent les Evangiles, ils étaient là, dans le peuple algérien.

Dans la tristesse de cette oisiveté forcée, mon père avait gardé la passion de l'arabe ; et il était malheureux s'il n'avait pu le parler au moins une fois dans la journée. Son seul regret était de ne pas avoir appris à l'écrire à l'école. Aussi ironisait-il souvent sur mon compte, me reprochant sur le ton de la taquinerie d'apprendre le latin, l'anglais, mais pas l'arabe. "Tu sais en arabe, disait-il, le nom des étoiles, des arbres, des bêtes, tu connais les injures – mais, *barka*, tu n'en sais pas plus."

Cette passion dura jusqu'à la fin de sa vie. Ruiné, marqué par l'âge, et replié en ville, il avait gardé l'habitude, comme s'il avait toujours sa ferme, de se lever à quatre ou cinq heures et de sortir dès l'aurore dans les rues. Là, il s'asseyait près d'un marchand de fleurs ou de légumes algérien, parfois

près d'un mendiant familier. Pour parler. Après quoi il remontait dans l'appartement pour n'en plus descendre. Comme si sa journée était finie. Plusieurs fois je l'avais surpris ainsi, assis sur une marche ou sur le bord d'un trottoir. Je lui en avais même fait un jour le reproche. Il s'était levé, douloureux, et il m'avait dit que je ne comprenais rien à rien. Alors seulement j'avais compris. Et aujourd'hui c'est la plus forte image de mon père qui me reste.

Par la suite mon père retrouva un emploi, comme directeur agricole ou comme gérant, dans différentes exploitations agricoles. Chaque fois, par l'un ou l'autre d'entre eux, il contacta ses amis du temps de l'épreuve pour qu'ils viennent le rejoindre dans son nouvel emploi. Aussi je les retrouvais chaque fois que j'allais le voir.

Il avait toujours pour ami et confident un vieux Kabyle – celui-là même qui m'avait appris le nom des étoiles en arabe mais qui aussi prenait vertement mon père à partie quand il avait quelque chose à lui reprocher. Moi, mon confident, c'était son fils. Il s'appelait Bokhalfa, et nous avions, nous aussi, échangé beaucoup de coups et d'injures pendant nos querelles d'enfants. Constamment révolté, il me racontait dans le détail, et sur des faits concrets et précis, l'injustice, l'inégalité, les humiliations subies. Et qu'il s'adressât à mon père ou à moi, une phrase revenait constamment dans ses propos. *"Tu vois, Jean, nous on n'est pas dans la vie !"* Une phrase qui me paraissait résumer toute l'iniquité de l'Etat colonial et qu'il répétait

obstinément, à la façon de ces messagers dont parle Dib et qui sont chargés de transmettre un message dont ils ne saisissent pas toujours le sens. Il me raconta aussi comment Saïd, le "chef des Français" pendant nos guerres enfantines, avait été injustement chassé de la ferme natale après le départ de mon père.

Il m'apprit également ce que je n'avais pas su faire jusqu'alors : écouter, entendre. Et c'est sur lui que j'ai écrit mes premiers textes. Bien maladroitement. Je ne savais pas trouver le ton juste, les modèles manquaient, et il est difficile de donner une existence littéraire à des hommes et des femmes qui n'ont pas encore d'existence politique. C'est aussi par lui et quelques autres, plus tard, quand les Algériens commenceront à acquérir cette existence, que j'ai compris, de leurs bouches et à leur manière, le sens et les raisons de la lutte du peuple algérien.

Et c'est par eux, à partir des réalités quotidiennes, que ma conscience politique s'est peu à peu formée. En les regardant. En les écoutant. Ils furent en ce domaine mes messagers, mes intercesseurs. Mais je ne compris qu'après un temps ce qu'ils m'annonçaient.

Chacun a son gardien qui l'observe.

Coran

III

Je devais retrouver ce même Bokhalfa quelques
années plus tard. Après une péripétie décisive. La
guerre. La guerre contre le nazisme. En novembre
1942, je m'étais engagé dans les jours qui suivi-
rent le débarquement des Alliés en Algérie. Sans
doute parce que cette guerre me semblait une juste
guerre, mais aussi parce que je me sentais toujours mal à l'aise dans mon pays natal. En raison
de l'injustice coloniale, on ne pouvait être fier de
rien. Même du meilleur. Et je le voyais chez mon
père. Contraint à obéir, il se repliait sur lui-même.
Et pour se consoler, il s'arabisait de plus en plus,
parce que c'était là, dans ses rapports quotidiens
avec des Algériens, qu'il trouvait sans doute un
sens à sa vie.

Bokhalfa s'était engagé lui aussi. Pour échapper à l'absence, pour être dans la vie. "Peut-être
qu'après, m'avait-il confié, si je reviens, je pour-
rais travailler en France ?" Lui aussi ne voyait
d'autre issue que dans le départ, la fuite, l'exil. La
guerre.

Nous fîmes cette belle guerre chacun de notre côté, moi dans l'artillerie, parce que j'avais fait des mathématiques, et lui, parce qu'il ne savait pas lire, chez les tirailleurs. En tant que tel il participa à la campagne d'Italie et à la bataille de Cassino, cette victoire qui du jour au lendemain rendit à la France et à l'armée française son honneur perdu. Ensuite, à partir du débarquement en Provence, ce fut, et toujours parallèlement, la remontée par la vallée du Rhône, les villes et les villages libérés, la traversée du Rhin, l'armistice, la victoire, la libération de la France. C'était la fin de cette belle guerre pendant laquelle nous avions connu, avec les Algériens, et au quotidien, les périls, les victoires, et ce qu'on appelle à juste titre la fraternité des armes.

En 45, démobilisés et rendus à nos foyers, nous retrouvâmes, dans une petite ferme, nos pères qui avaient vieilli pendant notre absence. Et lui, pendant que j'achevais mes études, se retrouva ouvrier agricole. Comme auparavant. Comme si rien ne s'était passé. "Avant, disait-il, j'étais un bon à rien, j'étais un *boudjadi*. Maintenant, après la guerre, je suis toujours un *boudjadi* !... *Pourquoi* ?" Et il ajoutait, toujours sur le même ton : "Tu reviens, tu es sergent, tu portes la médaille, et qu'est-ce qu'on te dit ?... Marche la route, et tais-toi !... Comment tu veux qu'on se révolte pas ?"

Durant ces années de guerre, il avait pris l'habitude de boire du vin, de courir les femmes. Ce qui lui attirait la colère et les terribles reproches de

son père – qui s'en plaignit au mien : "Dis-lui, toi, dis-lui de ne plus le faire. Toi, il t'écoute !" Mon père, qui connaissait mon amitié avec son fils, me chargea de la commission. Ce que je fis, un peu amusé et pas très convaincu, mais qui m'attira la rude réplique de Bokhalfa : "Dis à ton père... qu'il dise à mon père... que pour ça je lui obéis plus... Que je fais ce que je veux !" Ce que je m'empressai de rapporter à mon père, en ajoutant que moi, j'approuvais ce refus. Mon père alors, quoique viticulteur, se mit en colère à son tour, me reprochant de prendre le parti de Bokhalfa contre son père – et de le pousser à boire du vin. Si bien que nous nous trouvâmes engagés dans un conflit croisé de générations qui dépassait, en les subsumant, les usages et les conventions de chaque communauté.

J'entendais les mêmes plaintes et les mêmes révoltes chez les Algériens qui avaient été nos frères d'armes pendant la guerre. Ceux qui avaient été gravement blessés ne touchaient que la moitié de la pension qui était allouée, pour les mêmes blessures, aux combattants d'origine européenne. Et tout à l'avenant. C'était ça l'Algérie. Et c'était ça, la France, la mère patrie. Cette mère dont un de ses plus illustres représentants avait autrefois proclamé, après la guerre précédente, que les combattants avaient des droits sur les autres.

En revanche, sur le moment, je n'entendis guère parler des émeutes et de la répression de 45 dans la région de Sétif. Les journaux locaux s'étendaient longuement sur les massacres d'Européens, qualifiant

ces émeutes de Vêpres siciliennes, mais rien n'était dit sur les milliers de morts algériens – sur cette sanglante répression où un gouvernement, issu de la Libération, avait retourné, contre les Algériens, les avions, les mitrailleuses et les chars que ces mêmes Algériens, sur différents fronts de France et d'Europe, avaient servi en compagnie des pieds-noirs pour que la France fût libre.

Cela s'était passé ainsi, depuis un siècle, après toutes les guerres précédentes, et cela continuait. Liberté, égalité, fraternité. Dans ses colonies, la mère patrie est une marâtre, une mère dénaturée. Et j'ai commencé à me dire, ou plutôt à ressentir confusément, que ma patrie, ma vraie patrie, c'était peut-être l'Algérie. Et à partir des paroles des uns et des autres, je me mis à écrire des textes ou des poèmes, toujours bien maladroits, sur l'injustice coloniale, sur l'injure faite au sang versé, sur cet ordre colonial dont les commandements se voulaient tout aussi absolus et tout aussi impératifs que ceux du Décalogue.

Je venais aussi de découvrir, avec émerveillement, les *Manifestes surréalistes* d'André Breton. Et comme l'avaient fait les surréalistes après 14-18, pour se libérer de l'ordre moral ambiant, je pratiquais quotidiennement l'écriture automatique. Pour me laver l'esprit. Pour essayer, par cette thérapeutique, de me délivrer des idées toutes faites et des tenaces préjugés coloniaux. Textes ou ébauches de textes que j'utiliserais par la suite dans *Les Oliviers de la justice*.

C'est aussi vers cette époque que j'ai perdu la foi. Cette foi, cette foi chrétienne, faite avant tout d'amour et de respect pour les plus humbles, était utilisée par certains pour tout justifier : l'injustice, l'antisémitisme, le racisme, le colonialisme, le triomphe de l'Occident sur l'Orient. Avec toutes les dérives conscientes ou inconscientes que cela pouvait comporter sur le plan politique. Je me rendis compte alors, en faisant retour sur moi-même, que la foi active et militante de mon adolescence m'avait pendant un temps empêché de voir l'évidence : l'injustice qui aurait dû me crever les yeux. Qu'elle m'avait même servi, sans que je m'en doute, à la justifier. Au nom même de ce Dieu que je croyais servir. Puisque mon Dieu était selon mes convictions le seul et le vrai Dieu, celui des musulmans, tout comme celui des protestants ou des orthodoxes, était par le fait même un faux Dieu. Et Mahomet un faux prophète. Et moi, comme un imbécile, comme quelqu'un qui se bouche les yeux et les oreilles pour ne rien voir et rien entendre, j'avais marché dans cette idéologie simplificatrice, ségrégative et outrageante à l'égard de Dieu.

Pour lors, cependant, tout était en attente, tout était suspendu. Il ne manquait que le signal. Ce signal vint un certain soir de novembre 54. Dans la nuit, plusieurs attentats eurent lieu en différents points du territoire. Dans la ville d'Alger, quelques "terroristes" avaient tenté de faire sauter les grandes citernes de l'usine à gaz. Ils avaient été arrêtés et

les journaux locaux avaient publié une photo où l'on voyait cinq ou six Algériens, les menottes aux poignets, assis en demi-cercle. Des Algériens, à l'allure modeste, et semblables à ceux que je voyais tous les jours. Peut-être est-ce pour cette raison que, tout de suite, et dès le premier regard, je me suis senti solidaire ? Et j'ai détaillé la photo pour voir si je reconnaissais quelqu'un dans ce groupe. Ensuite j'ai découpé cette photo – que j'ai toujours – pour la ranger parmi mes poèmes ébauchés. Oui, je me sentais solidaire. Comment en effet ne pas comprendre et partager cette révolte ?

Ce qui me frappait également, c'était le côté nocturne de ces premiers attentats. Cela me rappelait l'enfance, cette enfance où il y avait deux paysages : celui du jour et celui de la nuit. Deux paysages qui cohabitaient pacifiquement avec deux histoires et deux langages différents. Et voilà que, soudain, ces deux paysages étaient entrés en guerre. Le jour contre la nuit. La lune contre le soleil. Et j'ai commencé à me dire, à partir de cette première photo de novembre, que c'est dans le ventre de la nuit que s'élabore l'aurore, l'avenir – parce que c'est dans la nuit qu'on *voit*, c'est dans la nuit qu'on connaît. Et repensant à la nuit de la Destinée où il est dit que cette nuit vaut plus de mille mois, je pris parti, ce jour-là, pour la nuit.

Mais quelques jours plus tard, une autre photo parut dans les journaux. On y voyait, en noir et blanc, dans un paysage de montagne, et près d'un

car immobilisé, un couple de cadavres dans un fossé. Deux instituteurs éventrés, l'homme et la femme, qui étaient partis pour un lointain village avec leurs livres et leurs cahiers. Etait-ce cela l'aurore, l'avenir ? Comment trancher, comment choisir ? Comment choisir entre la juste et nécessaire révolte et le meurtre, le sang innocent ?

Deux photos auxquelles s'en ajouteraient d'autres, par milliers, pendant sept ans, et que l'on découvrirait chaque matin au réveil, dans l'odeur du café, pour constituer jour après jour tout un album de meurtres, toute une surenchère de tortures et de supplices où chacun justifiait ses violences par celles des autres. Si bien qu'on en arrivait à oublier la cause première, fondamentale : l'injustice, l'inégalité, l'Etat colonial.

Il y a tragédie, selon le mahatma Gandhi, quand les uns n'ont pas tout à fait tort et les autres pas tout à fait raison. La guerre civile est une de ces tragédies. En particulier quand elle concerne l'avenir et le destin des vôtres et de votre communauté. Pour trancher en ce genre d'affaires, pour choisir, la parole militante, le discours idéologique ne suffisent pas. Et encore moins les propagandes toujours douteuses. On a besoin pour comprendre, pour trancher, d'intercesseurs modestes, de messagers à la parole sincère qui vous fasse comprendre l'injustice sans mettre en cause la dignité des vôtres – afin que l'adhésion ne soit pas simplement un acte intellectuel abstrait et plus ou moins gratuit

mais qu'elle vous engage tout entier. Sans trahison des vôtres, sans reniement de ce qui vous est cher.

Cette parole juste, je l'avais trouvée dans Bokhalfa et dans mes anciens compagnons d'armes algériens. Je l'avais trouvée, mais déjà élaborée, dans les livres de Roblès, Mammeri et Feraoun. Dans les poèmes de Jean Sénac, dans *Le Vautour* de Kateb Yacine, dans le roman de Dib *La Grande Maison*, qui m'ouvrit l'oreille et qui m'aida à trouver le ton qu'il fallait pour faire parler les hommes et les femmes d'Algérie. Mais la parole juste, douce, subtile, dont j'avais besoin, je l'ai surtout trouvée dans une vieille femme algérienne, du nom de Fatima, qui surgit dans ma vie au moment voulu. Au tout début de la guerre d'Algérie. Une vieille femme illettrée. Mais l'on sait ce qu'il est dit dans le Coran de l'*illettré*.

Un jour, un jour comme les autres, elle se présenta pour demander du travail. Nous n'en n'avions pas la nécessité, mais je ne sais pourquoi, à cause de son regard et de sa dignité, nous l'engageâmes pour une ou deux heures par jour. Et c'est ainsi que nous nous sommes mis à parler avec elle, chaque jour, en prenant le café, ou pendant qu'elle berçait dans ses maigres bras mon fils encore enfant. Malgré son français maladroit, elle avait sur toutes choses, sur la vie, la vieillesse, l'amour maternel, la guerre, des jugements qu'aurait pu envier le plus savant des moralistes, des images saisonnières où intervenaient tout naturellement la

lune, le figuier, le jasmin, le lilas. Et je l'écoutais ému, émerveillé. Chaque jour surpris par ses trouvailles et chaque jour étonné par cette simple et profonde sagesse.

C'est ainsi qu'elle nous apprit, par un détour, que son unique fils avait été tué au maquis pendant des combats. Nous montrant du doigt un avion de chasse, elle dit : "Regarde là-haut cette montagne. Regarde cet avion qui passe... Mon fils aussi l'a regardé !" Et elle ajouta, lointaine : "Quand Dieu te donne un fils, ce n'est pas pour l'enterrer !"

Un instant plus tard, en esquissant un sourire, elle dit encore : "Mais il faut sourire, m'sieur Jean. Le sourire, c'est pour les vieilles. Le sourire protège les vieilles. C'est leur voile de mariée." Et là j'ai compris à qui elle pensait quand, avec un sourire lointain, elle berçait mon fils entre ses bras en lui chantant une berceuse arabe.

Ainsi, par elle, par ce sourire, par ces paroles douces et subtiles qui ne mettaient pas en cause la dignité des miens, j'ai franchi, sans déchirement, des obstacles qui pouvaient paraître insurmontables. J'ai compris, parce que je l'aimais, que le racisme n'était qu'une simple et fragile barrière de roseaux. J'ai compris, jour après jour, sans heurt et sans fracas, le sens du combat du peuple algérien, l'autre côté et l'autre nom des choses, l'autre nom de Dieu. Et sous ses yeux je me suis mis, chaque jour, à apprendre l'écriture arabe et à tracer mes premiers signes. Avec le plaisir de l'enfant qui transforme des sons familiers en lettres – et aussi l'émotion

de l'entendre doctement corriger ma prononcia-
tion défectueuse. Un apprentissage qu'elle suivit
avec attention, à la fois amusée et fascinée – en
me demandant parfois d'écrire, sur un petit bout
de papier, une phrase sur sa petite-fille Dhalila. Et
j'écrivais en signes arabes, de droite à gauche, en
m'appliquant : *"Dhalila est une petite rose"*. Cela
fait, en élève docile, je lui tendais le bout de papier
– qu'elle regardait un instant, comme si elle savait
lire, en murmurant une ou deux fois la phrase
arabe. Et qu'après avoir plié elle glissait ensuite,
comme un talisman, au creux de sa maigre poi-
trine. En me remerciant avec un sourire heureux
que je vois toujours.

J'ai également compris, en la voyant et en l'en-
tendant, combien la foi musulmane qui l'habitait
était douce, tolérante, et combien le Dieu qu'elle
priait naturellement était le Bienfaiteur clément
et généreux. Aussi, pour mieux la comprendre et
mieux la retrouver, je me suis mis à lire le Coran
chaque jour, sourate après sourate. Avec étonne-
ment. Comme dans les Evangiles, il y avait dans
ce livre Marie, Jésus, des apôtres que le Prophète
surnommait *muslim,* et ce Sidi Moussa dont mon
village natal portait le nom. Il y avait aussi, comme
dans les Evangiles, un paysage analogue à mon
pays : des oueds, des montagnes, des déserts, des
puits, des figuiers. Et comme Jésus, Mohamed, en
priant, déambulait la nuit dans ce paysage. Il y avait
une telle similitude, une telle continuité dans le
message, que peu à peu, et tout naturellement, par

ce livre et par Fatima, j'ai retrouvé la foi et le Dieu des Evangiles que j'avais perdus.

Aussi, depuis lors, et pour toutes ces raisons, il me reste une méfiance à l'égard de tous ceux qui, chrétiens, musulmans ou israélites, se servent du nom de Dieu comme d'un slogan pour exciter la haine, le fanatisme ou le mépris. Une insurmontable méfiance à l'égard de tous ceux qui le réduisent ainsi, Lui le Tout-Puissant, par un acte de captation déicide, à n'être plus qu'un docile porte-drapeau ou une de ces idoles de plâtre dont parlent le Coran et la Bible. S'il est l'Un, comme chacun le dit, il ne peut être ni nationaliste ni raciste. Il ne peut appartenir, Lui l'Incréé, à un seul peuple, une seule race, une seule faction. Ce serait mensonge, vol, détournement et meurtre de Dieu. S'il est Un, s'il est l'Unique, il est Celui à qui dans toutes les langues tous les croyants s'adressent dans leur cœur simplement et naturellement. Comme le faisait, chaque jour, la vieille, la belle, la musulmane Fatima.

Une autre image me revient. Quand mon père venait nous rendre visite, pour la journée ou pour plusieurs jours, elle avait de longues conversations avec lui. Ils s'asseyaient tous les deux un peu à l'écart, sous l'arbre de Judée du petit jardin, pour échanger en arabe les sagesses de l'âge. Et je les voyais discuter avec ardeur, à tour de rôle, avec parfois, sur une réflexion de mon père, de grands rires de Fatima pendant lesquels, comme une jeune

55

fille, elle se cachait le visage avec ses deux mains. Ensuite, à la manière arabe, la main sur le cœur, ils se disaient au revoir. Et mon père revenait vers moi, tout heureux de cet entretien. Comme si elle avait le pouvoir d'apporter à chacun la paix qui l'habitait.

C'est aussi elle qui m'incita, à sa façon, à écrire *Les Oliviers de la justice*. Un jour, après m'avoir parlé de ceci ou de cela, de l'injustice et de sa mort prochaine, du fils qu'elle avait perdu, et du voile dans lequel elle serait enterrée, elle me dit, avec une insistance pathétique : "Mais dis quequ'chose, monsieur Jean. Dis quequ'chose toi qui sais lire !" Et elle ajouta, en me montrant son voile : "Dis quequ'chose... Dis quequ'chose pour que les autres n'aient pas besoin de ce voile pour avoir sur terre un jardin !" Et le soir même, en songeant à elle et à mon père, j'ai commencé à penser à ce quelque chose que j'avais à dire.

Mais, là aussi, il manquait le signal.

Ce signal vint quelques mois plus tard. Pendant l'été 55. Mon père s'affaiblissait de plus en plus. Et il se désespérait de la guerre. Il me répétait à satiété les mots de Bokhalfa, mais avec une justification différente. "Tu vois, disait-il, ça ne m'étonne pas qu'ils se révoltent... On ne leur parle plus !" Une justification sans doute insuffisante, mais qui voulait dire qu'il n'y avait plus d'échange ni de respect, qu'on ne voulait plus les entendre... Et là, de nouveau, il me répétait, selon son habitude, que dans la vie l'important – c'est d'être juste.

Il me répéta cette dernière phrase quelques heures avant sa mort. En fin d'après-midi, assis dans son lit, et après quelques taquineries à mon égard, il me dit une nouvelle fois qu'il fallait être juste. Mais que c'était difficile. Puis il avait ajouté, ce jour-là, comme s'il découvrait la chose à cet instant même, en désignant les Algériens par le terme utilisé à l'époque : "Moi, ce sont les Arabes qui m'ont appris à être juste... Oui, les Arabes. Parce que si tu ne l'es pas, pour eux tu n'es rien." Après quoi, à la fois songeur et convaincu, et comme s'il se parlait à lui-même, il avait encore ajouté : "Et ce qu'il y a de bien avec eux, c'est que quand tu es juste – ils ne l'oublient jamais !"

Et là-dessus, il s'était tu.

Le soir, après dîner, il s'était endormi assez tard, parce qu'il faisait très chaud. Et bientôt, dans son sommeil, il s'était mis, en arabe, à parler à quelqu'un à voix basse, doucement, amicalement, comme s'il lui racontait une histoire, avec ce timbre de voix modulé et un peu emphatique qu'ont les conteurs arabes. Et moi, son fils, allongé sur le balcon et sous la lune, au milieu d'une ville nocturne où crépitaient par instants des rafales de mitraillettes, je l'écoutais, sans me douter de rien. A qui parlait-il ? A un ancien ouvrier agricole ou à Fatima la douce ?

Il avait ainsi parlé un long moment, avec des pauses, des silences. Comme si pendant ces silences, l'autre lui répondait. Puis il s'était endormi, pour toujours, et avec ma mère nous l'avons trouvé le

lendemain matin immobile dans son lit, les yeux grands ouverts sur une autre nuit.

La journée suivante se passa en démarches, en visites, en coups de téléphone, en préparatifs mortuaires avec l'aide de Bokhalfa, et ce n'est que le soir, pendant la veillée, que je l'ai retrouvé. Toujours immobile, mais les yeux clos, avec ce poids de mémoire que semblent receler les êtres chers qui nous quittent. C'était mon père, me disais-je. C'était mon père et c'était la première fois qu'il me faisait de la peine. Et là, au milieu de mes larmes, pendant que défilaient des images de lui à ses différents âges, j'ai repensé à sa dernière nuit.

Il était mort, lui mon père, sur des mots arabes, en parlant à quelqu'un. Comme s'il cherchait, inconsciemment, à me donner un dernier conseil. Comme s'il m'enjoignait, lui mon père, de ne pas choisir entre lui et la justice. Parce que c'était pareil. Parce qu'il n'y avait pas à choisir. Et là, curieusement, au milieu de mes larmes et des coups de feu, au milieu de cette guerre de la déchirure et de la séparation, j'ai trouvé un instant de bonheur, une joie de l'âme. Une consolation. Il me semblait que cette mort arabe donnait un sens à sa vie. Et donc à la mienne. Un sens dont j'aurais à m'inspirer. Et c'est là, au milieu des larmes et dans le tumulte de la douleur, que j'ai repensé, comme si tout se rejoignait, à Fatima. A son injonction de témoigner. *Dis quequ'chose toi qui sais lire !* Et dans la nuit, près de mon père passé sur un autre rivage, j'ai

tracé quelques mots et quelques cris qui devaient par la suite devenir *Les Oliviers de la justice.*

Quelques mois plus tard, Fatima mourait à son tour. Sans son enfant et avec son voile. "Plus haut, disait-elle, il y a un Figuier. Et une Eau qui ne tarit. Plus haut il y a un Jardin." Mais en me laissant elle aussi un dernier message. "Si un jour tu marches dans un jardin, pense à moi, pense à ta vieille Fatima. Pense à moi et puis souris... Moi je serai dans le Jardin."

Alors, pour ne rien oublier de ce qu'elle m'avait appris, et en ayant constamment devant les yeux son visage et son sourire, j'ai essayé de retrouver toutes les paroles sorties de sa bouche. En notant chacune d'elles sur une languette de papier et en m'efforçant, comme un écrivain public, de respecter ses mots, ses tournures, sa façon de m'interpeller. Après quoi, comme si je mariais des couleurs, j'avais essayé d'assembler ces languettes, ces phrases dont chacune m'était précieuse, pour en faire un poème, *Les Paroles de la rose.* Un poème qui fut publié en 57, dans *Les Lettres françaises*, et qui fut lu pour la première fois à Paris, pendant la guerre, chez les étudiants algériens. En même temps que des poèmes de Jean Sénac. Un poème, dont je n'avais été que le simple scribe ; et qui ensuite devait être lu ici et là, en France comme en Algérie. J'avais ainsi rendu hommage, avec *Les Oliviers de la justice* et ce poème, aux deux êtres qui m'avaient le plus appris et qui me parlent toujours. Mon père et Fatima.

*Il ne faut jamais s'abriter derrière la con-
science d'autrui.*

GORKI

IV

Pour l'écrivain qui essaie de dire juste, il y a un
ordre, une chronologie. D'abord le paysage, les
êtres qui l'habitent – puis l'écriture. Puis un va-
et-vient entre ces trois termes. Des chocs en retour.
Il y a en effet toujours du texte et de l'histoire dans
les paysages. Il y a déjà du langage ou des langages.
D'où, comme je l'avais ressenti dès l'enfance, des
lectures différentes et parfois contradictoires d'un
même paysage. Car changer le nom des choses,
c'est du même coup changer leur poids, leur saveur,
leur sens métaphysique et politique. Et c'est pourquoi les Algériens et les Français d'Algérie, même
s'ils parlaient du même paysage, ne parlaient pas
toujours de la même Algérie. Sauf là où les contacts
étaient suffisamment quotidiens pour permettre
des échanges de sens. Ailleurs, deux pays se juxta-
posaient sans se mêler, séparés par une frontière,
celle du langage, qui pouvait se révéler tout aussi
infranchissable qu'une frontière marquée par un
fleuve, une montagne ou une succession de fortins
et de blockhaus. En ce sens le langage pourrait se
ranger dans ce qu'on appelle communément les

frontières naturelles. Il sépare et protège. A la manière de la foi qui, elle aussi, peut servir de bastion et de sanctuaire où l'on peut rester soi-même.

C'est cette dernière frontière, celle du langage, que j'ai tenté de franchir dans mon roman *Le Maboul*. J'avais été frappé par l'accueil fait ici et là au poème de Fatima *Les Paroles de la rose*. Alors que je ne l'avais conçu que comme une simple stèle pour garder le souvenir précieux d'une vieille femme qui m'avait apporté la force de choisir et la paix, il était partout accueilli avec émotion et chaleur. Et on me le demandait pour le recopier. Aussi je m'étais dit, un peu comme Copernic qui change le centre de l'univers et qui découvre une autre cosmogonie, que moi, Jean Pélégri, je n'étais rien ou pas grand-chose. Un simple astéroïde perdu dans l'espace de l'histoire et sans grande signification. Je ne pouvais avoir quelque intérêt, comme écrivain, que dans la mesure où, oubliant ma propre personne, je me ferais le petit serviteur et l'écrivain public de ceux qui, comme disait Fatima, ne savaient pas lire. Et j'ai commencé à le faire, sous forme de petits poèmes. Mais il me manquait un ton, une voix, un personnage.

Ce personnage, cette voix, je les ai rencontrés un jour, par hasard. Comme cela se fait dans la vie. J'avais commencé une petite nouvelle qui concernait un personnage européen mystérieusement disparu, et soudain, près d'un carré de vignes, j'ai rencontré quelqu'un – que j'ai nommé Slimane –

et qui, à peine nommé, s'est mis à parler, intarissa-blement, en répondant de lui-même à toutes les questions que je me posais obscurément. Alors, comme je l'avais fait avec Fatima, je me suis mis à écrire des pages et des pages sous sa dictée, sans trop savoir où il me menait. En respectant là aussi sa manière de s'exprimer, sa façon de parler un français maladroit, ses tournures, ses détours de pensée, parce que s'il parlait en français, il pensait en arabe. De ce fait, des fautes de grammaire, des infractions à la syntaxe, comme je l'ai souvent véri-fié, correspondaient en réalité à des règles précises de l'arabe dialectal. Aussi, pour mieux épouser sa pensée, j'ai pris peu à peu l'habitude, avant d'écrire – ou plus exactement avant de l'entendre – de con-sulter un petit livre d'arabe dialectal avec ses règles et ses exemples. J'ai aussi repris, toujours pour apprendre à penser dans l'autre sens – de droite à gauche – la lecture du Coran et l'apprentissage de l'écriture arabe que j'avais entamés sous les yeux de Fatima.

Mais c'était plus un plaisir, et une sorte de com-munion, qu'une nécessité. Slimane, lui, continuait à me parler obstinément. Et ce qu'il me disait, sa façon de le dire, donnaient un autre sens et une autre lumière à tout ce qui n'avait été qu'anecdo-tique dans ma vie, le paysage natal, les jeux de l'enfance, les personnages familiers. Entrouvrant en moi des pans de connaissance dont je n'avais jusqu'alors qu'une vague idée, des abîmes dont j'ignorais en moi l'existence, il me révélait, par le

menu, une autre Algérie que je n'avais fait qu'entrevoir. Une Algérie et un peuple qui m'habitaient beaucoup plus que je ne le croyais. Et cela à cause du langage.

J'en conclus que contrairement à l'idée complaisamment reçue, il est bon, parfois, de recourir à la langue de l'autre pour se connaître, s'inventorier, se comprendre. Par l'étrange liberté que vous donne ce détour, on échappe aux conventions du groupe, aux archaïsmes, aux idées toutes faites que le langage maternel recèle en lui-même sans qu'on s'en doute, aux structures syntaxiques traditionnelles qui commandent le discours et du même coup la pensée. Ce détour, comme en chimie, sert de filtre et de test de contrôle. Si ce que vous dites par ce truchement tient, et résiste, c'est une preuve de son exactitude. Comme un catalyseur, il vous change, il vous guérit, il vous libère – alors que l'écriture automatique des surréalistes, du fait même qu'elle joue sur l'automatisme, ne fait que vous laver en vous vidant.

Qu'on me pardonne le côté quelque peu sacrilège de cette comparaison – mais la langue de l'autre est, dans certaines circonstances, comme une sorte de prière par laquelle on s'ouvre à une Parole qui vous agrandit. Et comme M. Madeleine, vous voilà bientôt ailleurs et différent, d'un autre côté – ce qui ne peut que déplaire aux esprits rationalistes et nationalistes. Vous voilà dans une sorte de no man's land incertain, mais en même temps au plus profond de vous-même. Libéré des conventions du

langage, des propagandes, des idéologies domi-
nantes du lieu et du moment, et algérianisé par
l'écriture, vous voilà devenu l'autre, le frère. Et
c'est peut-être pour cette raison que l'association
des Ecrivains algériens m'a invité, dès son origine,
à faire partie de ses membres.

Intervenait aussi parfois, en cours de rédaction
et en arrière-plan, une autre motivation. Plus psy-
chanalytique. Celle de reconquérir, par l'écriture,
un territoire et un pays dont avec les miens je me
sentais injustement exclu. Une motivation qui se
retrouve, en sens inverse, dans la génération des
écrivains algériens, précédant l'Indépendance, qui
par recours au français dans toute sa magnificence
récupéraient à leur manière, par l'écriture et la
langue de l'autre, un territoire et des terres volés.

Il y a ainsi des livres qui sont pour l'écrivain des
sortes de guerres civiles intérieures où le choix du
sujet, de la langue et du style représente à lui seul
une prise de position. Un engagement durable. Une
métamorphose. L'écriture avait algérianisé ma façon
de sentir les êtres et les choses.

Après ce *Maboul*, Slimane ne devait plus me
quitter. J'écrivis une pièce, *Slimane*, qui fut jouée
à Paris mais aussi, m'a-t-on dit, dans un festival
en Algérie. Puis, toujours sous la dictée, j'écrivis
Les Monuments du déluge, une suite au *Maboul*
qui se situe après l'Indépendance, et un autre roman
Le Cheval dans la ville. Possédé par Slimane, je
l'étais du même coup par l'Algérie. Malgré tous

mes efforts pour la faire taire, pour l'oublier, pour passer à d'autres personnages qui auraient la France pour cadre et pour motivation.

Mais qu'avais-je à dire sur la France ? Je n'en avais pas une compréhension intime. Moi, toutes les connaissances, tous les souvenirs et toutes les sensations nécessaires à l'écrivain me venaient de l'Algérie.

C'était elle qui m'avait formé. Je me sentais à l'aise en France, mais la France ne m'inspirait pas. J'avais le sentiment d'y mener une vie agréable, mais distante. Une vie qui ne m'engageait pas, qui ne me passionnait pas. Et qui me paraissait parfois superficielle et de peu de consistance – un peu comme le dit le colonel Lawrence après son retour en Angleterre : *"Un effort, prolongé pendant des années, pour vivre dans le costume des Arabes et me plier à leur moule mental m'a dépouillé de ma personnalité anglaise. J'ai pu ainsi considérer l'Occident et ses conventions avec des yeux neufs – en fait cesser d'y croire."*

J'éprouvais, comme écrivain, à peu près la même désaffection, le même détachement, à l'égard de la France et de l'Occident, à cette différence que, contrairement à Lawrence, l'Algérie n'avait jamais été pour moi un pays étranger. C'était mon pays natal, et malgré la séparation, je continuais à l'habiter, tous les jours, toutes les nuits. Même si certains, par simplification commode, me considéraient parfois comme un étranger, comme un *roumi* – avanie dont Jean Sénac n'a pas été lui-même exempt.

L'écrivain, s'il veut dire juste – et c'est l'Algérie qui me l'avait appris –, a un autre devoir. Celui de ne pas courir après le vent et de témoigner, s'il le faut, à contre-courant. Ce qui est toujours difficile, et même douloureux. J'avais connu cette difficulté en écrivant *Les Oliviers de la justice* où je dénonçais le colonialisme. On est toujours mal à l'aise, et déchiré, quand on est en désaccord avec la majorité de sa communauté. Il y faut une aide, un recours. Un recours que j'ai rencontré dans la lecture des romans de Gorki où je retrouvais, comme dans *Anna Karénine*, une image littéraire et transposée de l'Algérie. Dans un de ses romans, *La Mère*, un personnage dit : "On s'est servi même de Dieu pour nous tromper." Dans une autre, *Ma vie d'enfant*, Gorki nous fait le portrait de sa grand-mère, une vieille illettrée et pleine de sagesse vivant, comme la vieille Fatima, dans un commerce familier avec Dieu. Cette grand-mère, cette *babouchka* pleine de la mémoire russe, avait l'habitude, le soir, assise sur un grand poêle, de raconter des contes populaires devant un auditoire attentif. Et un soir, en relatant un de ces contes, celui du soldat Ivan et de l'ermite Mirone, elle a soudain cette phrase : *"On ne doit pas se dissimuler derrière la conscience d'autrui."* Une phrase, une petite phrase, qui me servit de guide et de viatique pendant toutes ces années difficiles et dont je m'efforçais de tirer toutes les conséquences : "Ne jamais s'abriter derrière Dieu, et tout ce qui est dit en son nom, pour tout justifier" – "ne jamais s'abriter derrière un syndicat

ou un parti, même si pour l'essentiel ils ont raison" – "ne jamais s'abriter derrière sa communauté ou un peuple frère, même si on les aime"…

L'autre critère, dans le doute, c'était d'être du
côté des humiliés de l'histoire. Pendant que j'écrivais *Les Oliviers de la justice,* c'étaient incontes-
tablement les Algériens. Et cela crevait les yeux.
Mais au moment de conclure, pendant la rédaction
des derniers chapitres, apparut dans l'Algérois le
terrorisme FLN. Ces Algériens tués par les leurs,
ces nez sauvagement coupés en guise de propa-
gande, ces bombes posées dans des endroits publics,
était-ce là le seul moyen de faire basculer une
région qui, contrairement aux autres, était encore
hésitante ? Et fallait-il, pour une juste cause, ver-
ser le sang des siens pour convaincre ?

Jamais, en écrivant, je n'ai aussi fortement senti
le poids des mots, la conséquence des mots, l'im-
portance d'une tournure ou d'une simple virgule.
L'image qui me hantait, c'était celle d'une petite
fille algérienne grièvement blessée par un attentat
à la bombe dont j'avais été témoin. Le surlende-
main, assise sur un lit d'hôpital, elle regardait, avec
son visage poupin et de grands yeux stupéfaits,
l'endroit où – *la veille* – elle avait des jambes. Des
jambes pour courir, pour s'amuser, pour sauter. Ce
sang innocent, cette mutilation définitive, ce regard
interdit, ces grands yeux qui n'arrivaient pas à
croire ce qu'ils voyaient, me brouillaient l'esprit,
suspendaient ma plume. N'ayant pas la haine pour

me consoler, je ne savais plus que dire, que penser. Et pourtant il fallait conclure, il fallait trancher. Pour elle et pour les siens. Il fallait ne pas oublier la violence faite à tout un peuple pendant plus de cent ans.

La répression qui suivit quelques mois plus tard, en 56, fut encore plus terrible. Les arrestations massives, les interrogatoires, les bastonnades, les tortures généralisées : il n'y avait plus que du sang, rien que du sang. Et cependant je ne savais pas encore, avec certitude, tant les témoignages étaient contradictoires, tout ce qui se passait dans l'arrière-pays : les populations déplacées au nom de la France, les dragonnades comme au temps de Louis XIV, les cadavres exposés pour l'exemple, la montagne ravagée, les mechtas incendiées, les combats aux armes inégales, qu'a si fortement décrits Azzedine Bounemeur, mais où le paysage, la nuit, en personnage combattant, servait d'asile et de sanctuaire pour les siens. Tout cela, je l'ai appris avec certitude – je l'ai vu – dans le livre terrible, dans le livre dénonciateur de Jules Roy *La Guerre d'Algérie*. Comment en effet douter de quelqu'un, qui raconte en se déchirant ce dont il a été témoin, alors que ce quelqu'un est votre ami et qu'il est du même village que vous ? Cette fois le nœud était définitivement tranché. Et je pris fait et cause pour ce livre dans une lettre ouverte à *L'Express*.

Je me suis trouvé dans une situation analogue mais inversée, fin 61, dans la période qui précède

le tournage en Algérie du film *Les Oliviers de la justice*. Les entretiens de Lugrin avaient eu lieu, les accords d'Evian n'étaient pas loin, et l'OAS se manifestait activement. Cependant mon propos était simple. J'avais pris position pour le livre de Jules Roy, et donc pour l'indépendance de l'Algérie. Une position qui ne devait guère faciliter, on s'en doute, les autorisations nécessaires pour le tournage du film. Nous n'avons pu les obtenir que grâce aux interventions de Jules Roy et d'une haute personnalité que moi, pied-noir, je respecte infiniment : Mgr Duval.

Je pressentais qu'un jour prochain, par commodité simplificatrice, et parce que c'est l'habitude des métropoles, ma communauté, les pieds-noirs, ainsi que celle des harkis seraient rendues responsables de tout et chargées de tous les péchés d'Algérie. Alors que la colonisation était un fait global et politique qui relevait essentiellement de la France. On l'avait vu en 1830, en 1945 au retour de la guerre, et tout au long de la période coloniale par des lois iniques et ségrégatives à l'égard des Algériens, en premier lieu, mais aussi à l'égard des pieds-noirs. Par exemple l'obligation faite aux viticulteurs d'Algérie d'arracher 10 % de leur vignoble pour faciliter l'écoulement d'un certain vin du Sud-Ouest – ou l'interdiction, dans l'Algérie dite française, de toute industrialisation locale afin que les matières premières issues de la terre algérienne soient transformées en métropole par des usines et des ouvriers français.

C'est ainsi que procèdent les nations. Tout leur est bon pour accroître leur empire et résoudre leurs problèmes. Il n'était donc pas difficile de prévoir qu'un jour prochain, au moment où la métropole se laverait les mains, les pieds-noirs seraient pris pour boucs émissaires et rendus responsables de tout.

Or je savais, moi, pour les connaître bien, que s'ils avaient manifesté sur le plan des droits politiques un comportement le plus souvent injuste ou raciste en raison du piège colonial et de la peur du lendemain, ils étaient tout aussi souvent, dans le privé, ouverts, chaleureux, fraternels ; et qu'ils avaient constitué une communauté multiculturelle, et souvent baroque, où se retrouvaient tous les défauts des peuples méditerranéens mais aussi toutes leurs qualités : le sens de l'hospitalité, la joie de vivre, le besoin de théâtraliser le quotidien, l'esprit d'initiative, la qualité artisanale, la merveilleuse connaissance de l'agriculture et de l'horticulture. Je savais aussi que sous l'histoire apparente et officielle de l'Algérie, celle de l'injustice et de l'inégalité coloniales, s'était déroulée entre Algériens et pieds-noirs, là où les relations étaient quotidiennes, une autre histoire, tout aussi réelle que l'autre, mais souterraine. Une histoire qui était faite, en dépit du système colonial, d'entretiens, de conciliabules, d'échanges, et parfois de tendresse.

Ce peuple était le mien. Aussi me paraissait-il nécessaire – à l'intention du public métropolitain – de témoigner pour ces autres frères qui risquaient d'être à leur tour les victimes du colonialisme et

des humiliés de l'histoire. Il fallait donc condamner la structure coloniale – mais non les personnes. Qui étaient des hommes et des femmes comme les autres. Ni meilleurs ni pires. Et également tenter, pour leur consolation, de montrer cette histoire souterraine qui s'était déroulée ici et là, malgré la colonisation, entre eux et le peuple algérien.

Aussi, au lieu de courir après le vent, ce qui aurait été facile et même tentant, le scénario fut écrit dans ce sens. A contre-courant. Pour leur défense. Pour sauvegarder leur mémoire. Et le film fut tourné avec un matériel rudimentaire dans cet esprit, de septembre 61 à février 62, dans la Mitidja et dans les rues et les bidonvilles d'Alger, avec des hommes et des femmes d'Algérie, avec une Fatima qui ressemblait à celle que j'avais connue, et ce Bokhalfa qui redit dans le film ce qu'il m'avait dit dans la vie. Seul était "étranger" le réalisateur, James Blue, un jeune Américain qui avait fait l'IDHEC et qui travaillait dans une petite maison de production de Bab-el-Oued. Tous les autres, acteurs comme techniciens, étaient algériens et pieds-noirs. Et tous vinrent jusqu'au bout. Malgré les périls. Malgré les menaces, les meurtres et les attentats qui marquèrent les derniers mois de l'Algérie dite française.

Malgré les périls c'était la dernière chose que nous faisions ensemble. Aussi le film leur doit beaucoup. Et nous avons pu vivre les uns et les autres, au milieu des fureurs, et le temps d'un film, une Algérie possible. Une Algérie multiraciale qui aurait

pu être, pour notre honneur à tous, sans un colonialisme toujours figé, toujours bloqué.

Quelques semaines plus tard, c'était le cessez-le-feu. Et quelques mois plus tard l'indépendance de l'Algérie. Avec la fin de l'horreur pour les Algériens et le début de l'exil pour les pieds-noirs.

V

Je ne cache pas, et je n'ai jamais caché, que j'ai toujours été partisan d'une solution multiraciale. La vie m'avait appris combien on a besoin de l'autre, du différent, de celui d'une autre race et d'une autre religion, pour sortir de son égoïsme tribal et devenir pleinement un homme libre, multiple et lucide. De ce fait, et en raison de la passion des uns et des autres pour l'Algérie, il me semblait que nous pouvions faire ensemble un beau et grand pays, dont nous puissions être fiers, puisque pour la première fois dans l'histoire, des hommes et des femmes de races et de religions différentes se seraient unis librement pour le seul combat, la seule révolution, qui donne la joie de vivre : celui de la justice et de la fraternité. Des mots, des réalités, qu'on entendait chaque jour, dans chaque communauté ; mais que chaque communauté réservait pour un usage interne, sans l'appliquer à l'autre. Une révolution qui aurait évité le pire. Pour les uns la brusque déchirure et le douloureux exil loin du pays de son enfance et de ses morts. Pour les autres une décolonisation

trop brutale qui risquait, avec la tentation d'un retour aux archaïsmes d'un autre temps, de désagréger de manière durable les rouages humains et économiques qui forment le tissu profond d'un pays.

Cette révolution, cette vraie révolution, on le sait, n'avait pu se faire dans l'ancienne Algérie. Mais on pouvait espérer qu'elle se ferait dans une Algérie nouvelle et indépendante. La chose avait été promise aux pieds-noirs, solennellement, dans la brochure éditée par le FLN en mars 1961, et intitulée *Tous Algériens*. Il y était dit, page 19, concernant la citoyenneté algérienne : "Cette citoyenneté signifie que l'Algérien de souche européenne qui aura choisi l'Algérie aura les mêmes droits et les mêmes devoirs que l'Algérien de souche autochtone sur les plans politique et civique dans le cadre d'un Etat algérien unitaire (notamment droits de vote, d'éligibilité, etc.). Les distinctions et les différences légitimes seront reconnues et respectées. En particulier l'originalité culturelle, la liberté de conscience et d'exercice des cultes, ainsi que toutes les libertés individuelles (liberté de circulation, d'association, etc.)." Et l'on ajoutait, avec deux réserves : "Il est certain que ce problème complexe ne peut être résolu dans l'abstrait. Tout comme il ne peut être réglé unilatéralement, et en dehors des règles élémentaires de la démocratie."

Tout cela avait été décidé et formulé par le FLN combattant. Mais on sait ce qu'il est advenu de ces promesses après l'Indépendance. Et j'en ai fait

moi-même l'amère expérience quand j'ai manifesté le désir, après l'Indépendance, de faire partie de l'enseignement algérien. Ces promesses, ces solennelles promesses, ont duré ce que durent les roses, l'espace d'un matin. En arguant des crimes de l'OAS et du départ massif des Européens. Un argument que l'on pouvait à la rigueur admettre malgré sa globalisation complaisante. Mais l'on sait également quel fut le code de nationalité qui fut par la suite définitivement décrété et qui heurta bon nombre d'Algériens. Un code de nationalité ségrégationniste, fondé sur la race et la religion, auprès duquel le code prôné en France par M. Le Pen paraît délicieusement libéral. En application de ce code, le *bachaga* Boualem était algérien de droit, mais pas Yveton, Henri Alleg, ni Jean Sénac. Pour l'être – ce qui désespérait Jean Sénac – il était fait obligation de solliciter administrativement cette nationalité. Comme si l'on pouvait choisir, administrativement, sa mère, son pays, la justice. Comme si le reste ne comptait pour rien. Ni la lutte, ni le chant, ni l'écriture et le témoignage. Ni le simple amour de l'Algérie et de son peuple.

Cet oubli des engagements et des promesses concerne, dira-t-on, un passé lointain et déjà révolu. Admettons-le. Il y a en effet des oublis plus graves auxquels les derniers événements d'octobre viennent de donner une actualité saisissante. Toujours dans cette brochure éditée par le FLN combattant – ainsi que dans le livre d'André Mandouze *La Révolution algérienne par les textes* – il était

dit : "L'Algérie sera une république démocratique et résolument sociale, fondée sur la liberté individuelle, sur l'égalité des citoyens sans distinction de race ou de religion, sur le respect total des groupes ethniques et sur la justice sociale"... Il était affirmé : "L'Etat algérien sera une république, c'est-à-dire un régime d'équilibre fondé sur l'égalité des droits et des devoirs, la liberté générale d'expression, et où la source du pouvoir réside dans le peuple algérien"... Il était encore dit et affirmé : "Nous concevons la démocratie comme la seule et meilleure chose qui puisse faire marcher l'Etat républicain algérien : car c'est dans la démocratie que les libertés fondamentales peuvent s'exercer sans entrave et contribuer à l'épanouissement de la personnalité de chacun. La liberté individuelle notamment est la source essentielle de la démocratie."

Qu'a-t-on fait de ces promesses au temps de l'épreuve par les combattants ? On a vu peu à peu, au fil des jours et des années, le pouvoir promis au peuple passer progressivement aux mains de clans qui possédaient tout, qui décidaient tout et qui se suffisaient à eux-mêmes. Des élections qu'il n'était pas nécessaire de truquer, comme au temps de la colonie, puisqu'il n'y avait qu'un seul candidat désigné non par le peuple mais d'en haut, par une sorte de chambre des lords où les membres étaient désignés par cooptation. Une bureaucratie tatillonne et toute-puissante, bientôt moins soucieuse des intérêts de la nation que de ses intérêts propres, et

devant laquelle le citoyen ordinaire devait qué-
mander humblement, comme aux temps des pachas,
pour obtenir la faveur d'un sac de ciment et de
quelques parpaings. D'où, comme aux temps anciens, la pratique généralisée du bakchich, la lèpre
de la corruption, alors qu'on avait promis, toujours
dans les textes, un Etat moderne et la destruction des
survivances de l'époque médiévale et féodale.

De là, bientôt, toutes les conséquences : un pouvoir qui échappe à toute sanction sinon à celle du
parti, des privilégiés qui gravitent autour de ce
pouvoir, une idéologie qui prêche chaque jour de
poursuivre la révolution mais qui fonctionne à
vide, entre initiés, comme si l'idéologie pouvait
remplacer la responsabilité des citoyens, une armée
gorgée de privilèges, une police toute-puissante et
qui vit d'arbitraire, une bureaucratie envahissante
qui bride toute initiative si l'on est sans appuis,
une économie qui est conforme à l'idéologie mais
qui se délite, un repli sur soi-même sous le prétexte
d'éviter toute influence pernicieuse, une volonté
d'autarcie orgueilleuse qui empêche toute confron-
tation économique avec les autres nations et qui
sécrète peu à peu la pénurie, une information con-
trôlée et souvent censurée, les droits de l'homme
bafoués, la liberté d'expression muselée – et au-
dessous, pour mémoire, un peuple dont on parle,
et sur lequel on se penche, mais qui semble dépaysé
en son propre pays : les femmes qu'on veut rame-
ner à la pesanteur d'un statut ancestral malgré leur
participation à la guerre de libération, des jeunes

sans emploi et occupés à soutenir les murs de la ville, des artisans qui perdent le goût de leur métier à force de manquer de matériaux essentiels, et des paysans en train de regarder, comme autrefois, du haut de la montagne, les voitures qui passent dans la plaine.

Etait-ce donc cela l'avenir solennellement promis pendant les combats au peuple algérien ?

Je sais que l'on retrouve les mêmes insuffisances dans les nations dites développées – et qu'il leur a fallu des siècles, des combats et du sang pour faire l'apprentissage toujours difficile de la démocratie. Je sais également l'effort fait par l'Algérie pour se doter – parfois au détriment des autres activités – d'une industrie qui transforme sur place des matières premières autrefois exportées vers le pays colonisateur. Je sais la place de premier plan qu'elle a prise très vite, par ses choix, dans le concert des nations. Et quel immense effort elle a fait, malgré une très forte démographie, pour scolariser le peuple algérien après le vide presque total de l'époque coloniale.

Mais le lourd passé colonial n'explique pas tout. Alors pourquoi cet échec, cet enthousiasme retombé ? Pourquoi ce repli et ce durcissement d'un peuple que je crois fondamentalement bon et fondamentalement généreux ? Pourquoi ce FLN si courageux – et si lucide sur l'avenir – est-il devenu un gestionnaire maladroit de l'indépendance et de la paix ? A cause de qui, à cause de quoi ?

Peut-être, tout simplement, parce que le parti a bientôt perdu de vue cette volonté farouche de

république et de démocratie, qu'il proclamait ouvertement à la face des nations dès les débuts de son combat, et qu'il exprimait en exergue par cette simple et forte devise : *La révolution par le peuple et pour le peuple.*

Il est donc peut-être temps, en cette épreuve cruciale, de lire et de relire les textes fondateurs. Ces textes fondateurs qu'André Mandouze appelait si justement *les archives de l'avenir* du peuple algérien et où il était dit, dès l'été 56 : "La libération de l'Algérie ne sera pas l'œuvre d'un parti, mais l'œuvre de tous les Algériens." Il y a en effet un terme qui m'a toujours gêné dans la phraséologie officielle. Il y était souvent question des *responsables* du parti. Comme si le peuple algérien n'était pas lui aussi, et au premier chef, responsable de son destin. Comme si, une fois l'indépendance acquise, ce destin ne lui appartenait plus. A tort ou à raison, il m'a toujours semblé que l'emploi abusif et répété de ce terme, qui recouvrait hélas une réalité communément admise, dépossédait le peuple algérien de ses droits durement acquis et qu'il dénaturait fondamentalement le sens de la révolution algérienne – qu'il trahissait, par une captation illégitime, le sacrifice des combattants, des morts et des martyrs, et que l'image de l'Algérie, mon pays, en était souillée.

A cette souillure, d'autres se sont récemment ajoutées. Et sont revenus des mots et des images que l'on croyait à tout jamais révolus. Le mot

douleur, le mot colère. Le mot suspect pour celui qui se dresse contre l'injustice. Le mot répression avec son cortège de morts et de violences et ses images de chars et de soldats quadrillant, comme au temps de la colonie, les villes et les carrefours. Le mot souffrance, le mot stupeur. Et pour finir – le mot torture. Ce mot de sang, de blessures et d'humiliations, dont le peuple algérien avait tant souffert dans sa chair, voilà qu'il était de nouveau retourné contre lui, par les siens, par ses frères. Au nom de qui – au nom de quoi ? Et qu'était donc devenue cette Algérie qui avait rendu ce mot ignoble et infamant dans la conscience des nations ?

J'espère qu'on le comprendra, je ne dis pas tout cela sans gêne, sans douleur. Je le dis pour l'Algérie, qui reste mon pays d'origine et de référence. Je le dis pour le peuple algérien, qui reste ma pierre de touche et mon recours dans le doute. Je le dis par égoïsme – parce que l'Algérie m'a fait. Comme une mère. Parce que le peuple algérien m'a appris l'essentiel de ce qu'il est nécessaire de savoir dans une vie. Parce que son échec, pour des raisons obscures, me semble aussi le mien. Parce que je ne suis plus moi-même quand elle n'est plus elle-même. Parce que j'en ai besoin comme d'un pain quotidien. Parce qu'elle est écrite en moi à tout jamais et parce qu'il en sera ainsi, comme pour mon père, jusqu'à l'heure de ma mort.

Je le dis parce que, malgré tout, je continue à croire en elle. Parce que son peuple est encore

inemployé. Parce que son avenir est encore devant elle. Parce que je sais qu'elle peut redevenir, avec un peu d'élan, de jeunesse, et moins d'aparatchiks et de manipulateurs de paroles, le modèle qu'elle fut pour beaucoup.

Je le dis pour toutes ces raisons. Dans une sorte de prière au Dieu clément et miséricordieux. Parce que je sais que l'Algérie est aujourd'hui à un carrefour décisif de son histoire. Parce que je continue à croire à son grand destin. Parce que, aujourd'hui – peut-être – commence son avenir. Parce que je sais qu'elle peut enfin devenir elle-même, ce beau mot en sept lettres, si par la liberté et les droits de l'homme et du citoyen, elle retrouve ses textes, ses sources et sa mémoire.

Je le dis, je dis cet espoir, en pensant à l'ultime espoir de Jean Sénac dans son dernier recueil :

Ne soyons pas aveugles, allons.
Ce n'est pas la torche de joie.

Mais il y a tout de même à l'horizon

Une rougeur.

Paris, 1er novembre 1988

LES PAROLES DE LA ROSE

DIEU NOUS A DONNÉ

Le soleil c'est pour le bon Dieu
Et le feu c'est pour les soldats

Nous sommes tous fous, m'sieur Jean
Dieu nous a tout donné

La main pour caresser
Et elle sert à tuer

La grenade pour la bouche
Et elle sert à mutiler

La terre pour tapis
Et elle sert à enterrer

Pourquoi tout ça, m'sieur Jean
Dieu nous a tout donné

L'arbre pour son ombre
Et il sert aux embuscades

Le couteau pour le fruit
Et il sert pour la gorge

La nuit pour se reposer
Et elle sert à veiller

Nous sommes tous fous, m'sieur Jean
Si tu veux boire la mer
C'est la mer qui te noie

Quand Dieu te donne un fils
Ce n'est pas pour l'enterrer

Mais tu dois sourire, m'sieur Jean
Le sourire c'est pour les vieilles

Le sourire protège les vieilles
C'est leur voile de mariée

Nous avions une odeur de jasmin
Et maintenant regarde, m'sieur Jean
Regarde mes bras et mes mains

La main qui sert à caresser
Sert aujourd'hui à mendier
Nous étions rose, jasmin et lilas
Regarde ma bouche et mes cheveux

Le sourire protège les vieilles
C'est leur voile de mariée

Il ne me reste que mes yeux
Et c'est pour voir mon fils tué

Regarde la lune dans le ciel
C'est une branche de palmier

Regarde là-haut cette montagne
Regarde cet avion qui passe
Mon fils aussi l'a regardé

Le soleil c'est pour le bon Dieu
Et le feu pour les soldats

Quand Dieu te donne un fils
Ce n'est pas pour l'enterrer

Mais plus haut il y a un figuier
Et une eau qui ne tarit pas
Plus haut il y a un jardin

Je vais mourir, m'sieur Jean
Regarde la lune qui se fend
Je vais mourir sans mon enfant

Mais il faut sourire, m'sieur Jean
Le sourire protège les vieilles

On va m'enrouler dans un voile
Et me coucher seule dans la terre

Il faut sourire, m'sieur Jean
C'est mon voile de mariée

Mais si tu marches dans un jardin
Pense à moi, m'sieur Jean
Pense à ta vieille Fatima
Elle a soigné ton enfant
Le sien elle ne l'avait plus

Quand Dieu te donne un fils
Ce n'est pas pour l'enterrer

Pense à moi et puis souris
Moi je serai dans le Jardin

Mais dis qu'que chose, m'sieur Jean
Dis qu'que chose toi qui sais lire
Dis qu'que chose pour que les autres
N'aient pas besoin de ce voile
Pour avoir sur terre un jardin

Alger, 1956

TABLE

BABEL

Extrait du catalogue

COÉDITION ACTES SUD – LEMÉAC

Ouvrage réalisé par l'Atelier graphique Actes Sud. Achevé d'imprimer en février 2003 par l'imprimerie Hérissey à Evreux pour le compte d'ACTES SUD Le Méjan Place Nina-Berberova 13200 Arles.
N° d'éditeur : 4919
Dépôt légal 1re édition : mars 2003.
N° impr. : 94256
(Imprimé en France)

2A